L'ÉCUYER

DU MÊME AUTEUR

LE CAVALIER

COURS D'ÉQUITATION PRATIQUE

Un volume grand in-18.

L'ÉCUYER

COURS

D'ÉQUITATION PRATIQUE

PAR

VICTOR FRANCONI

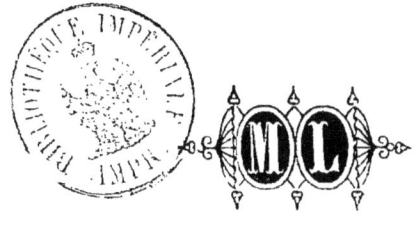

PARIS
MICHEL LÉVY FRÈRES, ÉDITEURS
RUE VIVIENNE, 2 BIS

—

1860

Tous droits réservés

AVANT-PROPOS

Lorsqu'en 1855 j'ai publié sur l'équitation un premier volume : *le Cavalier*, mon seul but était de m'adresser à une catégorie spéciale de lecteurs; à ceux qui, ayant à commencer ou à recommencer leur éducation équestre, désiraient uniquement acquérir les connaissances préliminaires indispensables au cavalier. J'avais de bonnes raisons pour restreindre l'étendue de ces connaissances, car c'est en s'adonnant trop tôt au travail de haute école que non-seulement on retarde les progrès, mais encore que l'on recule au lieu d'avancer. Aussi dans ce premier volume, ai-je eu soin de m'interdire rigoureusement tout ce qui pouvait toucher à l'art de l'écuyer, puisque cet art commence là où finit le savoir-faire du cavalier.

Ce livre est le résumé de longues études et de consciencieuses observations sur une partie de l'art équestre : la haute école. Je me suis imposé ce travail parce qu'il n'est peut-être pas sans une certaine utilité. Comme tous les systèmes, pour être appréciés, obligent les personnes qui s'en occupent à user des moyens qu'ils indiquent, il est incontestable que le temps et l'expérience démontrent seuls le bon et le mauvais côté d'un ouvrage spécial. Il faut donc laisser faire l'opinion qui, par la pratique, ramène, à un moment donné, toutes les théories à leur juste valeur; ma pensée, comme mon désir, a été de grouper et de présenter aux lecteurs un ensemble de réflexions et de conseils dont on puisse tirer parti le jour où renaîtront les grandes écoles. Il est probable qu'on ne pourra se dispenser de revenir tôt ou tard à celles de Versailles, car on peut considérer la haute école comme la mère de toutes les équitations.

C'est au cavalier, à l'homme de cheval suffisamment habile, c'est-à-dire déjà capable d'exécuter régulièrement ce qu'enseigne le premier volume de mon ouvrage, que s'adresse cette seconde partie. Il est donc bien entendu qu'elle ne doit être consultée qu'après une connaissance exacte de la première.

Sans parler ici de l'aridité de la tâche, une crainte a longtemps arrêté l'entreprise du travail que je m'impose aujourd'hui : celle de ne pouvoir l'accomplir sans tomber fréquemment dans des redites fatigantes. Mais, en équitation, pour se faire comprendre, il est bien difficile de procéder autrement, toute la haute école se résumant, d'une part, dans l'équilibre du cheval, et, de l'autre, dans le tact et le sentiment du cavalier.

L'ÉCUYER

I

DE LA HAUTE ÉCOLE

La haute école est l'art de faire exécuter à un cheval tous les airs de manége connus jusqu'à ce jour. La haute école repose d'une part sur l'équilibre du cheval, et, de l'autre, sur le tact et le sentiment de l'écuyer. L'équilibre prend naissance dans l'allure artificielle ; les chevaux non dressés sont rarement équilibrés; il y a cependant quelques exemples, mais ils sont rares. Le tact est représenté par les aides, c'est-à-dire par le travail de la main et les jambes, le sentiment par l'assiette ; toute l'équitation est là.

Pour s'occuper avec fruit de la haute école, il est indispensable de recourir au manége. Les hommes qui travaillent de tête recherchent la solitude, parce que dans le calme et le silence aucune distraction ne vient les troubler. Il en est de même en équitation.

Nous sommes donc forcés de retourner au manége, que je considère comme indispensable au travail de la haute école, car le calme du manége est à l'écuyer ce qu'est à l'écrivain le silence du cabinet. A la recherche du rassembler dont le résultat est l'équilibre, le cavalier ne doit pas être distrait, puisque sa pensée seule dirige et suit le travail des aides ; — puisque c'est son intelligence qui juge des effets, cherche et retient les premières impressions provoquées par le juste emploi de la main et des jambes.

Je pourrais citer mille faits qui prouveraient combien le calme et l'isolement sont nécessaires au dressage, mais je me contenterai d'en appeler aux personnes qui fréquentent les manéges : ont-elles jamais vu plusieurs écuyers à cheval causer entre eux pendant le temps de la leçon qu'ils donnent à leurs chevaux ?

Si le manége a l'avantage d'éviter à l'écuyer toutes les préoccupations du dehors, il a celui, plus nécessaire encore, de les éviter au cheval; l'isolement le rend calme, et lui fait prêter toute son attention au cavalier. Aussi, doit-on bien se garder de toute faute dans l'emploi des aides, surtout au commencement du dressage, car le cheval, qui semble *écouter* ce que lui disent la main et les jambes, profiterait de ces fautes pour commencer la lutte. Il est donc bien entendu que lorsque la correction est nécessaire, elle doit arriver et *s'arrêter* tellement à propos que le cheval puisse cesser de la craindre dès qu'il rentre dans l'obéissance; alors son intelligence lui fait bien vite distinguer ce qui amène la correction de ce qui la fait cesser.

II

LE RAMENER

Le croisement des races de l'espèce chevaline a eu pour résultat d'en modifier singulièrement l'encolure; elle est devenue droite, souvent même renversée, d'arrondie, de *rouée* qu'elle était jadis. Aussi, pour la mise en main, l'ancienne équitation avait-elle moins à s'occuper du *ramener* que de l'élévation de cette encolure, afin d'empêcher le cheval de s'encapuchonner en plaçant la tête sur le poitrail.

De nos jours, ses tendances sont tout à fait opposées ; dès le début du dressage, l'écuyer doit donc s'attacher à faire le contraire de ce que cherchaient nos pères, quoique pour arriver absolument au même résultat : la position régulière de la tête, c'est-à-dire la mise en main.

Ramener un cheval, c'est faire céder les vertèbres de l'encolure, arrondir cette encolure et placer la tête dans une ligne perpendiculaire en *ramenant* le bout du nez qui s'en éloigne par l'horizontale.

Le ramener cache une arme à deux tranchants qui provoque bien des défenses suivies de luttes pénibles à la fois pour l'homme et pour le cheval : cette arme, c'est la force qui pousse et celle qui retient; elles sont représentées par la main et les jambes; c'est-à-dire que ces dernières portent le cheval en avant, tandis que la main, pour ramener l'encolure, fait agir le mors qui arrête. Comme je viens de le faire observer, on se trouve alors tout près de la défense si l'on ne sait pas proportionner l'effet du mors à la sensibilité des barres et rendre à propos.

Ce point d'appui que vous prenez sur le mors, pour mettre le cheval dans la main, tout léger qu'il peut être, l'inquiète et gêne son allure, ce qui fait que presque toujours il oppose à l'effet de la bride une résistance qui se termine par une contraction générale suivie d'arrêts.

Dans cette position, on est obligé d'augmenter la pression des jambes pour obtenir le mouvement en avant ; si la main de la bride est fixe, le cheval rencontre toujours cet obstacle, lorsque l'arrière-main, sollicité par les jambes, le contraint d'avancer pour éviter l'effet du mors, il finit par ne plus répondre à la jambe, alors l'éperon devient indispensable. Les premières attaques ne manquent pas de le faire arriver brutalement dans la main ; ce mouvement presque violent de sa part le jette sur une résistance qui l'arrête brusquement et qui met en souffrance le côté faible de sa construction, si la jambe reporte en avant la main est toujours là ; alors arrivent les défenses.

Ces défenses varient selon le moral, et le plus ou moins d'énergie des chevaux. Ceux qui ont de l'action commencent presque immédiatement la lutte ; ils se jettent de droite et de gauche pour se soustraire à la contrainte du mors, et finissent toujours par se braquer sur la main. Dans cette position, leur surexcitation est extrême. Si, pour faire cesser la contraction, vous approchez les fers, le cheval se jette sur la main, la force en s'élançant par bond, dont la violence apporte un tel désordre dans les allures, qu'il faut, provisoirement du moins, renoncer à tout travail de ramener.

Il y a des chevaux froids au début, mais dont l'énergie concentrée n'est pas moins dangereuse, plus dangereuse même ; car, pour se soustraire à l'effet du mors, les chevaux qui se retiennent ne manquent pas de pointer, alors commence une résistance bien autrement embarrassante que celle du cheval d'action, car tout en se défendant celui-ci se sauve, il cherche à éviter le combat, tandis que c'est de pied ferme que l'autre engage la lutte ; — il prépare ses armes, — il en connaît la puissance et en use avec un à-propos, une habileté, une véritable tactique qui force le cavalier à cesser l'attaque pour se mettre lui-même sur la défensive. Deux ou trois pointes suffisent à l'intelligence du cheval pour lui faire connaître le côté faible de son adversaire, — car il ne faut pas oublier qu'alors le combat est engagé, et l'on craint toujours un peu les pointes.

Si l'on est en selle anglaise, — le premier mouvement étant tout à la tenue, — la correction n'arrive pas, ou n'arrive pas à-propos; c'est — dans la bataille le feu qui se ralentit d'un côté, tandis que de l'autre il redouble avec d'autant plus de confiance, et le cheval usant largement de l'hésitation du cavalier, le promène en tous sens dans le manége, — et toujours en pointant ! — Il monte le long des murailles, — ou, — ce qui est pire encore, il s'appuie dessus, — c'est-à-dire qu'il y écrase les genoux d'un malheureux qui voudrait bien descendre. Si celui-ci parvient à éviter cette torture en remettant le cheval sur la piste, il y est rejeté avant d'avoir eu le temps de se rasseoir, car les chevaux rétifs, ou devenus rétifs par la faute de celui qui les monte, ont un merveilleux instinct pour se coucher sur les murs et y laisser un peu du vêtement et, autant que possible, de la peau du cavalier. Aussi pour ces sortes de luttes ai-je déjà recommandé et recommandé-je encore les selles à piquet. Là les troussequins dépassent assez les quartiers pour garantir les genoux et permettre au cavalier de se servir de ses jambes afin de combattre les défenses.

Après les chevaux d'énergie violente et d'énergie concentrée, viennent les chevaux froids et d'un bon caractère. Ceux-ci contractent facilement l'habitude de l'éperon. Souvent on peut s'en servir de prime abord, et les pousser sur la main sans qu'ils cherchent à se défendre. Ils baissent volontiers l'encolure, mais cela ne prouve pas qu'elle soit assouplie; ils ont cédé, rien de plus, car le temps et l'exercice seuls leur donnent cet assouplissement.

Dans le *Cavalier*, j'ai déjà parlé du ramener; mais avant d'aller plus loin, je dois rappeler ici le moyen de l'obtenir : c'est un léger arrêt transmis par le mors, —

arrêt dans lequel se trouvent marqués de petits effets de main plus ou moins sentis (rendre et rappeler). Ces demi-arrêts doivent continuer aussi longtemps que les jambes ont la puissance de porter le cheval en avant; mais si celui-ci reste sur place, ou ralentit trop sensiblement l'allure, le point d'appui doit cesser. On le reprend ensuite lorsque l'impulsion est rétablie par la pression des jambes soutenues par l'éperon, lorsqu'il est nécessaire, et c'est seulement sur cette impulsion que le mors doit agir en s'emparant au bénéfice de la main du surcroît d'action obtenue par les jambes.

Ce travail est sûr, il a presque toujours l'avantage d'éviter les défenses; et bien qu'il exige tout le calme de la patience, il ne faut pas croire que les leçons soient de longue durée. Cette action constante du mors marquant ces demi-arrêts et que le cheval retrouve toujours dès qu'il est au pas, finit par l'occuper; et il cède soit pour mâchonner son mors, soit pour éviter, — non pas précisément une douleur, — mais cette espèce de gêne qu'il rencontre toujours dès qu'il est en mouvement.

Aussitôt que la tête arrivant dans la perpendiculaire, l'encolure a cédé, — c'est-à-dire aussitôt que le cheval est ramené, il faut lui rendre, le caresser avant de reprendre; — il faut lui faire comprendre le bien-être qui, — dès qu'il cède, — fait place à la contrainte, et ne jamais exiger un second acte d'obéissance sans avoir récompensé le premier par un repos de quelques secondes avant de reprendre. Il faut peu de temps pour faire cesser les résistances, — elles disparaissent peu à peu dans l'espace de temps progressivement plus restreint qu'il met à céder.

Mais ce premier résultat est encore loin de l'assouplissement de l'encolure ; si la main indique l'acte d'obéissance, ce sont les jambes qui l'exigent.

Si jusqu'à présent je n'ai parlé de ce moyen d'action que pour mettre le cheval en mouvement et lui communiquer l'impulsion, c'est qu'avant tout il faut lui faire comprendre ce que l'on veut exiger de lui. Or, si — pour obtenir tout de suite le ramener, — vous vous servez des jambes et des éperons, — si ce moyen précède ce que le seul effet de la main lui aurait indiqué bien plus clairement, son intelligence troublée hésitant entre deux indications différentes lui fait perdre la tête; il s'irrite, s'exaspère, et finit par résister.

J'excepte toujours les chevaux doux; d'un tempérament froid, ceux-là peuvent tout supporter et se résignent assez facilement à leur malheureux sort. Malheureux, en effet, car les exigences du dressage pour la haute école sont tout ce qu'il y a de plus pénible pour le cheval lorsqu'on substitue la violence à l'emploi raisonné d'une gymnastique progressive et normale.

Les chevaux froids n'ont jamais de brillant, parce que, manquant d'action, il faut presque toujours les porter dans la main et dans les jambes. Ce travail triste, froid, nécessite l'emploi fréquent des fers; aussi cheval et cavalier sont-ils disgracieux.

Dans tous les arts les maîtres choisissent avec soin ce qui est indispensable à la manifestation de leurs talents : les couleurs pour le peintre, — le marbre pour le statuaire, — l'instrument pour le virtuose, etc. Il en est de même en équitation ; le cheval énergique, vigoureux, ayant de grandes allures, est le véritable instrument de haute école. Mais il ne faut pas le croire facile! Ces chevaux sont, au contraire, les plus irritables, surtout si les reins sont faibles, les jarrets souffrants, etc. Pour ceux-là la soumission et le dressage ne s'obtiennent que par le sentiment et le tact de l'écuyer. La force, — cette roideur qui isole le cavalier du cheval, — la force peut obtenir quelques airs de manége, mais ils seront toujours disgracieux et décousus. La force ne permet pas de suivre d'un bout à l'autre une reprise de haute école, parce que homme et cheval s'épuisent en luttes sourdes; et, — je ne saurais trop le répéter, — le cavalier qui, — laissant de côté le tact et le sentiment, — a le malheur de s'en tenir à la force, ne fera jamais de la véritable équitation. Celui-là ne sera jamais qu'une *contraction à cheval*, — et une contraction générale, car depuis la tête jusqu'aux pieds, tout est crispé.

Au bout de quelques leçons, le cheval ayant pris l'habitude de céder à l'effet du mors, et par conséquent de revenir plus ou moins dans la main, on devra se servir des jambes, on devra s'en servir, non-seulement pour le porter en avant (*principe dont il ne faut jamais s'écarter*), mais aussi pour faire céder l'encolure, ramener la tête, et la faire rester dans cette position.

Les premiers effets de jambes qui ont pour objet de l'obliger à se mettre ou à rester dans la main ne doivent se faire sentir qu'à la fin de chaque leçon. Sous l'impression constante du ramener, obtenu par la main seule, le cheval a dépensé dans un premier travail la fougue de son impatience. Son moral devenu plus calme a déjà fait disparaître l'irascibilité primitive ; il se soumettra donc plus facilement aux premières pressions des jambes. Enfin ces pressions se feront sentir par des effets progressivement plus soutenus, et comme complément on ira jusqu'à l'éperon lorsqu'il devient nécessaire. Il est évident qu'ainsi actionné, le cheval se portera avec plus d'énergie sur la main; mais en connaissant déjà les effets, et n'ayant pas à les redouter, — son intelligence enfin appréciant ce que demande la bride, il cédera aussitôt, car sa mémoire lui fait comprendre qu'au soutien de main il doit faire un mouvement, et que ce mouvement est de céder de l'encolure, — flexion qui place la tête.

Dans les commencements, il peut arriver que sous des pressions de jambes plus énergiques, sous le contact du fer, le cheval s'inquiète; alors une trop longue insistance pourrait avoir pour résultat le désordre dans l'allure. On l'évitera donc en revenant au ramener par les seuls effets de la main, en ayant cependant soin d'avoir toujours les jambes près. Afin d'entretenir l'impulsion, une fois le cheval calmé, on recommence à demander ou entretenir la bonne position par des pressions progressives, — progressives même jusqu'à l'éperon, — mais qui, dans ce cas, doit arriver avec ménagement.

Ainsi employées avec douceur et à propos, les aides obtiennent la mise en main sans que le cheval s'irrite. Quelques leçons de ce travail répété finissent par le faire céder à l'effet de jambes qui complète l'effet de main, car, — je le répète, — la main indique, les jambes font exécuter.

Arrivé à ce point, toute tension des rênes devra être précédée par la pression des jambes. Elles poussent le cheval sur la main qui utilise cette impulsion comme le pilote utilise celle que les voiles communiquent au navire pour faire agir le gouvernail.

L'éperon ne doit être employé qu'avec réserve, car l'abus ou la brutalité de ses effets entraîne nécessairement la brusquerie des mouvements, et par conséquent le désordre dans les allures. C'est donc avec discrétion qu'on le fera arriver, lentement, et sans secousses, dans les flancs du cheval. En ménageant ses premières attaques, en les faisant sentir aussi peu que possible, le cavalier est à même d'apprécier le degré de sensibilité de son élève et l'habitue à en supporter progressivement les approches.

Je dois rappeler qu'au commencement de la leçon, — alors que le cheval a encore toute son énergie, l'on doit éviter l'emploi des fers. — Plus tard, lorsqu'un premier travail lui a fait dépenser une partie de son action, lorsque cette dépense de résistance matérielle l'a rendu plus calme, il est bien mieux disposé pour l'obéissance; et d'ailleurs, les sages concessions qu'il faut savoir faire à la seule énergie ne compromettent pas le dressage, ces concessions, c'est la soupape de sûreté d'une chaudière.

Il ne faut pas oublier qu'au début de la leçon, souvent le cheval est d'autant plus enclin à la résistance qu'il est plus vigoureux. On agira donc sagement en opposant le calme et la douceur à une irritation nerveuse qui doit bientôt disparaître dans le travail monotone du manége. Quant au moral, je crois avoir fait largement sa part en donnant au cheval, dès le début du dressage, un travail qui s'adresse à son intelligence. Ce travail a, en outre, l'avantage de ne pas provoquer la souffrance, cause de presque toutes les défenses. On ne saurait croire jusqu'où peut aller l'intelligence du cheval, surtout lorsqu'il est complétement dressé, il va souvent au-devant de ce qui va lui être demandé. Il suffit de lui indiquer par un léger effet de main et de jambes ce qu'il doit faire pour qu'il l'exécute, à la condition toutefois d'entretenir l'équilibre.

Cependant si ce que vous lui demandez est par trop difficile, il lui arrive fréquemment de chercher à s'y soustraire en exécutant de lui-même un autre air de manége; mais insistez, — et surtout insistez juste, — alors il se gardera bien d'opposer la moindre résistance.

On a prétendu que, comme le chien, le cheval s'attachait à son maître; c'était faire pour le chien une comparaison contre laquelle il aurait le droit de protester. Le cheval n'est pas susceptible de ces sentiments dévoués ou de ce tendre attachement qu'on lui prête. — Il ne se laisse pas entraîner par des mouvements affectueux, et chez lui, la mémoire n'a ordinairement rien de commun avec le cœur.

Les romanciers, quelques historiens même, ont montré à son égard trop de complaisance, et la plupart des faits que l'on a racontés pour prouver que le cheval savait aimer son maître et ne pas l'oublier sont presque toujours des effets d'imagination.

Nous pouvons le dire, à la suite d'une longue expérience et de nombreuses observations, le cheval s'attache à la main qui lui donne du sucre ou toute autre friandise qui lui plaît et l'attire. Essayez de suspendre pendant deux jours la distribution de ce qu'il vient chercher comme régal auprès de vous, et vous verrez s'il ne cesse pas de vous traiter comme un ami; vous ne serez même plus pour lui une simple connaissance.

Je terminerai le ramener perpendiculaire (nous avons encore les flexions de côté) par une recommandation au cavalier qui dresse des chevaux dont l'encolure présente de sérieuses difficultés pour l'assouplissement (encolure renversée, chevaux qui s'emportent) : c'est d'ajouter aux effets du mors ceux du bridon, et voici comment on devra l'employer.

Après avoir fait un nœud de côté aux rênes du filet, en leur donnant la longueur voulue pour que la main soit placée au-dessus du pommeau de la selle, vous passez trois doigts de la main droite dans lesdites rênes; celles de la bride restant toujours dans la main gauche, vous portez le cheval en avant, et vous faites agir, l'un après l'autre, le mors et le filet, non par des temps marqués, mais par des effets presque imperceptibles qui excitent le cheval à jouer avec son mors ou à le mâchonner, ce qui fait qu'il finit par ramener son encolure par les petites flexions qu'il forme de lui-même.

Ce moyen a un avantage, c'est de ne jamais présenter une résistance dont le cheval puisse profiter pour se défendre. S'il est vigoureux, on règle difficilement les effets de la bride qui peuvent devenir durs sans qu'on en ait l'intention. En se servant des rênes du filet, on évite la puissance du mors, toujours dangereuse en présence des réactions d'un cheval énergique.

Le filet est inoffensif; on peut même en abuser comme appui, sans crainte d'offenser les barres.

Il permet aussi de se servir du mors à volonté et de lui donner le degré de puissance jugée nécessaire. Si le cheval porte la tête de côté, le filet sert aussi à la tenir droite.

Enfin l'emploi du mors et du filet a, en outre, l'avantage de rendre les chevaux très-légers à la main; cette légèreté finit également par se faire sentir chez ceux qui ont la bouche dure. A force de rendre et de rappeler, lorsqu'ils veulent s'appuyer sur la main, on les habitue peu à peu à se porter tout seuls.

III

LE FILET OU BRIDON

Pour que l'assouplissement de l'encolure soit complet, il faut qu'elle soit flexible en tous sens, et les rênes du filet sont indispensables pour obtenir les flexions de côté.

Jusqu'à présent j'ai parlé du mors parce

que le travail dont nous nous sommes occupés s'applique aux chevaux qui ont déjà été montés, et par conséquent sont habitués à la bride, car aujourd'hui ceux que l'on destine à la haute école sont presque toujours des chevaux faits.

Mais, au beau temps des grandes écoles d'équitation, on les prenait à l'âge de quatre ans; les piqueurs ou les élèves les montaient premièrement en filet, et après les avoir familiarisés avec les effets de chaque rêne, après leur avoir appris à répondre aux pressions de jambes, on les assouplissait pendant plusieurs mois aux trois allures.

Tout en les fortifiant, ces exercices les assouplissaient, les habituaient au travail et leur donnaient du fonds; c'était un véritable entraînement pour la haute école. Ces leçons étaient suivies des airs du manége les plus faciles, airs qu'on leur faisait exécuter sur la ligne droite d'abord, ensuite sur deux pistes, et la graduation rationnelle de ces nouveaux exercices les rendait adroits dans leurs mouvements, tout en donnant de la force aux parties faibles.

Alors, après une année de ce travail préparatoire, — qui faisait presque toujours d'excellents chevaux, — on les mettait au rang des écuyers chargés de les dresser.

La première partie du dressage peut être comparée aux exercices, aux battements que l'on fait faire aux jeunes gens qui se destinent à la danse ; cette première partie est tout aussi indispensable pour le cheval. Et en continuant la comparaison, je ferai remarquer que les jeunes gens de seize à dix-huit ans sont plus aptes aux exercices du corps qu'un homme de trente, quoique celui-ci soit plus fort. Mais il n'a plus la souplesse naturelle et la légèreté de l'adolescence.

Il en est de même pour les chevaux de sept à huit ans; ils sont dans toute leur force, mais cette force a contracté des habitudes; ces habitudes nuisent à l'élasticité, et ces restrictions nuisent à leur tour au brillant du mouvement.

C'est ce brillant qui caractérisait deux chevaux bien connus du public parisien : *Ajax* et *Norma*, tous deux montés par mon père et professeur, Laurent Franconi.

Norma surtout était remarquable par la noblesse de ses allures; elle ne marchait pas, elle *planait* au passage; à une élévation de mouvements extraordinaires, elle joignait des temps de jambes tellement rhythmés, qu'elle semblait battre la mesure; ses splendides allures décelaient à la fois tout le feu de son énergie et l'admirable équilibre de ses forces; elle était tellement fine aux aides, que l'approche seule des jambes suffisait pour lui faire exécuter les airs de manége les plus compliqués. Quant à la main de la bride, on peut dire que ses effets se bornaient au seul poids des rênes.

On trouvera peut-être de l'exagération dans ce que j'avance, mais j'en appelle aux quelques amateurs habiles qui ont monté Norma; et pour ceux qui l'ont vue montée par mon père, j'en appelle à cette belle position que ne dérangeait jamais le travail presque toujours imperceptible des aides.

Cette digression m'a singulièrement éloigné du filet! Revenons à son emploi.

Les premières flexions de côté seront demandées à la fin de la leçon, parce que, — ainsi que je l'ai déjà fait remarquer, — le cheval est plus patient et plus tranquille.

En le maintenant en place, le cavalier attirera légèrement la tête à droite ou à gauche. Il y arrivera par des tensions de rênes qui doivent cesser et reprendre (rendre et rappeler), c'est-à-dire cesser après le commencement d'un acte d'obéissance ; — reprendre pour l'obtenir progressivement plus complet.

N'ayant pas à lutter contre une résistance fixe, le cheval ne se contractera pas, — ou ne se contractera que peu, et deux ou trois leçons suffiront pour habituer la tête à suivre machinalement la rêne qui l'attire et fait céder l'encolure. Cette part faite à l'intelligence, passons à l'assouplissement.

C'est au pas qu'il faut exiger les flexions de côté.

Habitué à se mettre dans la main sous la seule action du mors, le cheval cédera à celle du filet aidé par l'action des jambes, et arrivera pour ainsi dire sans résistance à la flexion perpendiculaire.

Dans cette position ramenée, et avant d'exiger le pli de l'encolure à droite ou à gauche, il est bon que la marche se fasse sur une ligne courbe.

Sur le droit, le cheval n'étant pas encore habitué à céder de l'encolure seulement, on engagerait inévitablement les épaules du côté où serait attirée la tête, ce qui forcerait le cavalier à le redresser à chaque instant. Pour éviter cette préoccupation, pour ne pas fournir au cheval un moyen de se soustraire au pli de l'encolure, il est donc plus sûr de commencer par des cercles. Seulement on aura soin de renfermer le cheval dans les jambes, de manière à empêcher les hanches de se jeter en dehors sous l'action de la rêne du dedans.

Il est toujours bien entendu que les pressions de jambes, — pressions qui peuvent aller jusqu'à l'éperon s'il est nécessaire, doivent précéder l'effet de la rêne.

Le cheval, comprenant ce qui lui est demandé, oppose rarement une résistance soutenue, et ramène bientôt la tête de côté; — tandis qu'il résisterait aux effets de force qui, sans s'adresser d'abord à son intelligence, voudraient obtenir de prime abord un pli d'encolure dont, — je le rappelle, — une position préparatoire est l'indispensable précédent.

Renouvelées tous les jours pendant un

temps en rapport avec les progrès du dressage, les flexions perpendiculaires et latérales donnent graduellement du jeu et de la souplesse aux vertèbres.

Cette éducation progressive a sur l'assouplissement *forcé* l'immense avantage d'éviter au cheval une gêne, une contrainte, une douleur, qui retardent les progrès bien plus encore qu'on ne croit les faire avancer, car la force est au dressage ce que jadis les étrivières étaient à l'éducation de la jeunesse, alors que l'on corrigeait les fautes de langage sur la peau des élèves au lieu de les corriger sur le papier.

Rendre et rappeler, — pressions de jambes plus ou moins senties, — juste emploi des éperons, tout est là.

Dans une corrélation mystérieuse, le sentiment d'une part, — de l'autre le tact, se développent tous deux : — le premier dans le mouvement, le second dans le travail des aides, — tandis que c'est précisément par le sentiment et le tact que ces aides acquièrent toute leur finesse dont le germe est dans les allures.

Le moelleux, le liant, unissent tellement le cavalier au cheval, qu'il en résulte une sorte d'homogénéité, qui lie, qui soude les mouvements du cheval à l'assiette et à l'enveloppe du cavalier.

De cette union naît l'équilibre du cheval, et c'est le premier pas que fait le cavalier pour devenir écuyer. C'est pourquoi il faut bien se garder de se lancer dans les difficultés de la haute école avant d'avoir acquis une position, une souplesse, un liant, que rien ne saurait remplacer.

L'emploi de la force, — il faut en prévenir les jeunes cavaliers vigoureux, mais encore inexpérimentés, — l'emploi de la force est une chose déplorable, étrangère à tout effet de tact, à la souplesse, au liant; elle garrotte le cheval dans la main, tandis que les jambes lui rivent la chaîne. Ainsi comprimées, les allures ont cette résistance sourde dont j'ai parlé plus haut, résistance qui épuise le cheval et lui permet rarement de fournir une reprise entière.

N'oubliez donc pas qu'en commençant trop tôt, — c'est-à-dire avant d'avoir cette habitude qui donne la tenue, l'indépendance des aides et l'aisance à cheval, vous tomberiez malgré vous dans des effets de force, — effets provoqués par une tenue incomplète; et que malgré vous encore vous transmettriez aux aides.

Sans parler de ses effets désastreux sur

le cheval, la force communique au cavalier une position anguleuse; la tête et le corps sont penchés en avant, — le dos arrondi, — les reins voûtés, — les cuisses et bas de jambes contractés par l'effort continuel des pressions. Enfin l'étrier est trop court, mais il le faut bien pour que l'éperon arrive constamment aux flancs du cheval; la main est fixe, dure, c'est une équitation bardée de fer... Ce qui ne la rend pourtant pas invulnérable, car faites cesser, ne fût-ce qu'un instant, ces énormes pressions de jambes accompagnées d'éperons, vous verrez le cheval sortir de la main et se contracter aussitôt, surtout si, étant au galop, vous voulez allonger l'allure. Braqué sur la main et cherchant à conserver sa liberté d'action, il essaye de se soustraire à la puissance des aides. Pour le faire rentrer sous leur domination, il faut ralentir considérablement l'allure, — et, pour y arriver, — le mettre aux prises avec les attaques.

Prenez deux chevaux montés, — l'un par l'emploi du tact, l'autre par celui de la force; mettez-les au galop allongé, et essayez de les faire revenir instantanément dans la main, afin d'exécuter un mouvement quelconque. Le premier tombera presque sans effort dans son équilibre. L'autre, au contraire, résistera; il ne cédera aux attaques qu'après une foule de mouvements nerveux, saccadés, — après maintes réactions qui se termineront, il est vrai, par un ramener, mais un ramener forcé, et un faux équilibre aussi disgracieux que pénible à voir.

IV

DE L'ASSOUPLISSEMENT GÉNÉRAL

―――

C'est de l'assouplissement général seul que naît le véritable équilibre du cheval; et c'est aussi cet assouplissement qui fortifie les parties faibles, donne aux muscles la puissance, — la souplesse aux articulations, et le prépare au travail de la haute école.

Si, dans le chapitre précédent, j'ai seulement parlé du ramener, c'est qu'avant de passer à l'assouplissement général il faut d'abord détruire toutes les contractions de l'encolure, cause première de la contraction générale.

Le cheval arrivé au point d'assouplissement nécessaire pour se renfermer dans la main, — c'est-à-dire d'obéir à la pression de jambes dont l'effet est de ramener la tête en faisant céder l'encolure, la lutte est bien moins à redouter. Elle se présente même rarement lorsque l'on ne commence l'assouplissement général qu'après avoir obtenu le ramener, car le ramener est tellement lié à l'assouplissement, que l'un se complète par l'autre.

C'est dans le travail des aides pour le ramener que l'on doit trouver les moyens d'assouplir le cheval, et voici comment : celui-ci étant ramené, on doit, pour entretenir la position, avoir recours à ces petits effets de rênes, toujours précédés de pressions de jambes qui le font arriver dans la main, et souvent jouer avec son mors.

Ces effets de main, qui ne sont autre chose que rendre et rappeler, sont à leur tour tellement liés aux effets de jambes, qu'ils ne peuvent rien les uns sans les autres. Il s'établit donc entre la main et les jambes un travail de tous les instants appliqué aux mouvements du cheval.

Ce travail doit le faire arriver, premièrement à l'assouplissement général, ensuite à l'équilibre.

En se servant de pressions de jambes

plus senties, et au besoin de l'approche du fer, on actionne l'allure, et la main recevant ce surcroît d'action doit maintenir le cheval, au moyen de demi-arrêts toujours précédés d'effets de jambes. Ces demi-arrêts l'empêchent de prendre plus de terrain, et dans cette position l'arrière-main, sollicité par les jambes, contenu par les épaules, est bien forcé à la longue d'arriver sous le centre.

Pour éviter ce premier soutien de l'allure, il peut arriver que le cheval cherche à jeter ses hanches de côté. Alors l'écuyer doit les ramener et les maintenir autant que possible sur la ligne des épaules.

La main de la bride ne suffit pas pour les leçons de rassembler; il est bon de se servir des rênes du filet ainsi placé : une dans la main gauche, posée sur l'index et maintenue par le pouce; l'autre dans la main droite, passant dans l'intérieur de la main et maintenue par le petit doigt et celui qui précède; — les deux autres doigts peuvent également se poser sur la rêne droite de la bride.

Je fais placer ainsi les rênes du filet pour que l'on puisse les employer séparément, et l'on peut aussi s'en servir sans faire agir les rênes du mors.

Le filet, indispensable pour les doublés, les cercles, n'a pas la puissance du mors. Le mors, par son levier qui arrête toujours, provoque souvent l'incertitude et la résistance lorsque l'on veut se porter, soit à droite, soit à gauche, tandis que le filet, par son effet direct, agit sûrement, et, comme je l'ai déjà dit, il invite le cheval à se porter du côté où on veut le diriger.

Ce travail préparatoire du rassembler demandé avec sagesse au moyen des aides finit à la longue par déterminer quelques temps de cadence dans les mouvements; c'est l'équilibre qui pénètre dans l'allure; aussi faut-il bien se garder de vouloir l'exiger.

Dans les commencements du dressage, le cheval, n'ayant ni la force ni la souplesse nécessaires au maintien de l'équilibre, devient nécessairement lourd. Il finirait par opposer aux exigences trop prolongées une résistance sourde. Il faut donc se contenter de ce qu'il présente, et surtout de ce qu'il peut faire, — le mettre au pas, les rênes sur le cou, et reprendre lorsqu'il est reposé.

Pour arriver à l'assouplissement général, il est indispensable de mettre le cheval sur les lignes circulaires. Tout en renvoyant à ce que j'ai déjà dit du cercle dans le *Cavalier*, je dois cependant insister ici sur ce travail précieux.

Les cercles forcent le cheval à s'asseoir sur ses hanches, sur ses jarrets, et principalement sur celles de ces parties qui sont dans l'intérieur du cercle, car dans un cercle rétréci elles sont obligées d'arriver sous le centre.

Ce travail, sur l'utilité duquel j'insiste, assouplit, fortifie, rend le cheval adroit dans tous ses mouvements, et le dispose complétement à la haute école.

Les leçons en cercles sont les véritables battements de l'équitation; c'est pourquoi on ne saurait trop en faire faire, même avec les chevaux dressés, afin d'entretenir leur souplesse.

Dans les commencements, on doit parcourir des lignes circulaires très-étendues, de manière à ne pas gêner les mouvements. Le diamètre du cercle ne doit changer qu'autant que le cheval conservera une grande légèreté de bouche, que l'arrière-main arrivera, sans efforts, sous le centre.

Les hanches ne cherchant pas à se jeter de côté, alors seulement on rétrécira le cercle.

Pour compléter l'assouplissement général, je crois indispensable d'entrer dans les détails de la leçon et d'en indiquer le travail progressif.

J'ai déjà traité la question du ramener; je crois m'y être assez arrêté pour n'avoir plus à y revenir. Je reprendrai donc le cheval aux premières leçons du rassembler. L'exercice du ramener, qui le laisse calme et le dispose au rassembler, doit être employé au commencement de la leçon; quelques tours de manége suffisent.

Le premier travail à imposer pour commencer l'assouplissement consiste à s'emparer de l'arrière-main et à le faire arriver insensiblement sous le centre. Pour obtenir ce résultat, on poussera d'abord les hanches sur les épaules. Ces dernières seront maintenues par les effets de la main, et dans cette position le cheval sera bien forcé de se servir de ses hanches, de ses reins et de ses jarrets.

Pendant les premières leçons, toutes ces parties fonctionnent en tous sens avant d'arriver sur la ligne des épaules; mais ces mouvements, toujours sollicités et maintenus autant que possible par les jambes, l'obligent par instants à s'asseoir sur ses hanches.

Cette position, qui lui est pénible, demande beaucoup de soins et de tact de la part des aides; c'est pourquoi la main doit ralentir l'allure, en évitant de donner aux demi-arrêts une puissance qui pourrait arrêter le mouvement en avant et compromettre l'impulsion.

Il faut surtout étudier les allures, les sentir, les comprendre, de manière à ne rien exiger par la force, et soyez sûr que vous tomberez malgré vous dans cet inconvénient si vous persistez et n'arrêtez pas juste le travail au moment où la fatigue s'empare du cheval.

On ne doit consacrer à cet exercice, dans les premières leçons, que trois ou quatre tours de manége, et encore est-il indispensable d'arrêter souvent et d'accorder quelque repos.

Après ce travail, on passera à celui du cercle avec le pli de l'encolure, c'est-à-dire la tête du cheval placée de manière à commencer et continuer la courbe de la direction, — et surtout sans oublier de maintenir les hanches sur la même ligne arrondie que les épaules. (Voir le *Cavalier*, art. *Cercle*.)

Au début des cercles, il faut être très-près de ses chevaux, afin de maintenir les hanches sur la ligne des épaules.

Il est bien entendu que les cercles doivent être exécutés aux deux mains, — c'est-à-dire à droite et à gauche. Pour passer d'un cercle à l'autre, on aura soin de ne pas tourner court, afin que, — par la position de son corps, — le cheval n'oppose pas les hanches aux épaules.

C'est dans le centre du manége que

doivent s'exécuter les changements de cercles, parce que là on a assez de terrain devant soi pour faire tourner, sans cesser de se porter en avant.

Pour exécuter le mouvement, les jambes sollicitent plus fortement l'action de l'arrière-main. Ces pressions suivies de l'approche du fer empêchent le ralentissement de l'allure, ce qui permet à la main, au moyen de ses demi-arrêts, de ramener la tête et l'encolure sur la ligne du cercle opposé, et aux hanches de suivre régulièrement le terrain parcouru par l'avant-main.

Ces leçons, entremêlées de doublés, changements de main et autres exercices au pas et au trot sur la ligne droite, occupent l'intelligence du cheval tout en lui laissant des moments de repos indispensables. Ils empêchent les résistances qui pourraient arriver si l'on demandait toujours la même chose, ou qu'on la prolongeât trop longtemps.

Les premiers mouvements de deux pistes doivent être demandés quelques pas seulement avant de terminer le changement de direction.

Le cheval maintenu à une allure régulière, soit au pas, soit au petit trot, — et toujours dans la main, — il suffit, pour le faire marcher de deux pistes, d'augmenter la pression de la jambe qui pousse les hanches et les fait arriver de côté.

Il est bien entendu que l'impulsion en avant ne doit pas cesser un instant; la jambe opposée concourt à cette impulsion tout en arrêtant les hanches si elles tendent à dépasser la ligne des épaules. Le cheval, n'ayant plus que quelques pas de côté à faire pour terminer le changement de main, n'oppose que peu ou point de résistance; il apprend bien vite à discerner l'effet séparé de chaque jambe, et il suffit de quelques leçons pour obtenir le changement tout entier de deux pistes.

Cependant il y a des chevaux qui résistent; alors on est forcé de recourir à un moyen dont l'inconvénient est de donner le faux pli à l'encolure, c'est-à-dire de placer la tête du cheval du côté opposé à celui de la direction. En agissant de cette manière, on maintient les épaules, que l'on finit par opposer aux hanches; mais, aussitôt que ces dernières ont obéi, il faut faire cesser cette position, car, paralysées dans leur marche, les épaules seraient bientôt débordées par l'arrière-main.

Dans les commencements de la leçon, il faut donc, — pour le travail de deux pistes, — avoir souvent recours à ce faux pli de l'encolure, car, si l'on maintenait trop rigoureusement la position normale, les difficultés pourraient entraîner la résistance.

Pour le pli régulier de l'encolure, le cheval, la tête bien placée, se trouve réellement maintenu par la main qui rend à volonté, ralentit les épaules ou les porte de côté, et agit sur le rassembler à ce point que, — les jambes aidant, — il se trouve renfermé dans son pli d'encolure.

Dans cette position, le juste emploi des aides a autant de puissance que si le cheval marchait droit devant lui en ce sens, que, si les jambes font arriver les hanches sur les deux pistes et les y maintiennent d'une manière régulière, elles ne l'obligent pas moins à se porter en avant et à se renfermer dans la main de la bride.

Il y a donc une grande différence entre les deux plis de l'encolure; l'un, — le correct, — fait partie de l'assouplissement général; en permettant de renfermer le cheval dans la main et dans les jambes, il assouplit et régularise les mouvements, et l'habitue à marcher de deux pistes.

L'autre ne doit être employé que dans les cas de résistance, l'effet de rêne opposée ayant un effet presque irrésistible pour maintenir rigoureusement les épaules et les empêcher de se jeter de côté. Alors les hanches sont forcées de céder à l'emploi des aides et des attaques; mais, ainsi que je l'ai recommandé, dès que la punition produit son effet, — dès que la résistance disparaît, on doit redresser l'encolure du cheval, et, pendant le travail devenu plus facile, lui placer la tête du côté où il se dirige.

Cette première partie de l'assouplissement et du dressage doit être suivie si ce n'est du travail au galop, du moins des départs à cette allure. Mais il ne faut les demander qu'autant que le cheval se renferme déjà sans trop de difficulté dans les aides, — et que, étant au pas ou au trot raccourci sur les lignes circulaires, il répond sans trop de gêne aux effets de main et de jambes.

Ainsi préparé par des exercices qui ont assoupli et fortifié l'arrière-main, — qui ont fait fonctionner toutes les parties dont il se compose, — le cheval, devenu plus souple et plus adroit, se trouve dans les conditions voulues pour commencer le galop.

Lorsque, pour les premiers départs, on

rencontre trop de difficultés sur la ligne droite, il faut avoir recours aux tournants. Supposons que, le cheval étant au trot, on veut le faire passer au galop sur le pied droit, une tension plus marquée de la rêne gauche (faux pli de l'encolure) paralysera d'abord le bipède de ce côté. Et la rêne droite, agissant plus légèrement, laissera aux mouvements également de droite toute leur liberté d'action. Mais il est bien entendu que la pression des jambes doit toujours précéder ces divers effets de rênes.

Au moment où, pour mettre le cheval au galop, la main va marquer le soutien que je viens d'indiquer, on pousse les hanches en avant par une pression de jambe gauche beaucoup plus puissante, l'éperon devant agir au besoin. Mais cette pression, tout en portant avec énergie les hanches en avant, les jette aussi sur la jambe droite de l'homme. Alors celle-ci a pour mission de les maintenir autant que possible sur la ligne des épaules, mais sans cesser de les faire avancer.

Dans cette position, le cheval, un instant pris entre deux effets contraires (la main et les jambes), ne peut éviter d'élever son avant-main; c'est ce qui le fait changer d'allure et partir au galop sur le pied droit, toujours à la condition que les mouvements du côté opposé se trouveront ralentis, — presque arrêtés par l'effet de la rêne agissant de ce côté.

Le premier temps de galop obtenu, on ne saura trop s'empresser de mettre en pratique ce sage enseignement de tous les professeurs : *rendre*, — mot bien souvent employé pour une chose qui l'est trop peu.

Pour soutenir cette allure renfermée, raccourcie, presque tous les chevaux manquent de souplesse; — on peut même dire de force. Si l'on insiste, le cheval, pour se débarrasser de la fatigue qui le gêne et l'épuise, cherche souvent à s'appuyer sur la main, afin de s'étendre en allongeant l'allure. Alors la position du ramener se trouve nécessairement compromise et amène la lutte d'un côté, la force avec la résistance de l'autre. Le galop ne doit donc être continué que lentement; — il doit suivre les progrès de l'assouplissement général.

Malgré tous les soins que l'on peut apporter au départ dans cette allure, souvent le cheval partira faux ou désuni. Arrêtez, — recommencez, — armez-vous de patience; employez toute la puissance, tout le tact de vos aides, et surtout ne vous laissez jamais aller à la colère.

Vous perdriez du temps à mettre de l'ordre dans ce désordre que la correction brutale amène dans les allures. Soyez toujours maître de vous, et dans un temps voulu, le ramener, le rassembler au trot et au galop, vous mettent à même de commencer à ajuster le cheval sans avoir à redouter des résistances qui vous forceraient à revenir sur vos pas.

Le reculer fait également partie de l'assouplissement général; cet exercice fortifie l'arrière-main. Je n'ajouterai rien à ce que j'ai déjà dit de ce mouvement équestre dans mon premier traité.

Le galop est généralement facile chez les chevaux de sept à huit ans, montés depuis plusieurs années; il faut en profiter, mais bien se donner de garde d'en abuser. Pour assouplir le cheval à cette allure, il faut chercher à le maintenir autant que possible placé, et au galop raccourci; mais ce galop raccourci dérange complétement les habitudes physiques des chevaux qui — au dehors sont accoutumés à s'étendre, et souvent aussi à galoper sur les épaules. Ce changement de position leur est pénible; si l'on n'a pas le soin d'arrêter à temps, la défense est à craindre. Évitez donc une lutte inutile en accordant quelques instants de repos, et reprenez ensuite.

Il faut recourir au faux pli de l'encolure tant que le cheval hésite à partir sur le bon pied; mais, dès que le galop juste devient facile, on doit revenir au pli régulier.

Ce premier travail, complément de l'assouplissement général, doit être exercé aux différents airs de manége dont il a été question dans le dernier chapitre.

Une recommandation indispensable pour le galop sur les lignes circulaires, c'est, dans les changements de cercle, de ne reprendre cette allure qu'après avoir régulièrement placé le cheval sur le nouveau cercle qu'il va parcourir, la tête légèrement inclinée à l'intérieur, les hanches sur la ligne des épaules, le corps s'arrondissant comme la ligne qu'il parcourt.

Ainsi placé, renfermé dans son cercle par les aides, les départs sont presque toujours justes.

Je ne saurai trop recommander de ne jamais se presser pour obtenir les changements de pied du tact au tact; arrêter et reprendre, c'est le vrai moyen d'arriver sûrement au changement de pied en l'air.

4.

S'il est demandé trop tôt, il ne peut être obtenu que par un effet de force de l'écuyer; et, si le cheval l'exécute, le mouvement est toujours accompagné de contractions et de déplacements, tandis que, habitué à arrêter et reprendre, au bout d'un temps plus ou moins long, selon sa facilité naturelle à changer de pied, l'élève s'arrête sur un temps et repart sur l'autre sans se déranger de la ligne qu'il parcourt et sans changer le rhythme des foulées.

Ce cheval-là sait changer de pied, et de lui-même il lui arrive donc souvent de faire des changements en supprimant le temps d'arrêt; à ce point, on peut les demander du tact au tact, le cheval ayant prouvé qu'il peut les faire. Cette règle est loin d'être générale; il y a beaucoup de chevaux qui ne changent jamais d'eux-mêmes. Alors il suffit que les changements de pieds arrêtés soient facilement exécutés dans un équilibre parfait pour les demander du tact au tact.

Un mot sur l'équilibre.

Pour être parfaitement équilibré, le cheval doit être assis sur ses hanches; l'avant-main ne possède ni souplesse ni puissance; son emploi se borne à se porter en avant, à reculer ou à marcher de deux pistes. Il ne peut s'élever, se grandir, se détacher du sol qu'à la condition que les hanches pourront lui venir en aide en le dégageant d'une partie de son poids.

Alors ses mouvements allégés et plus libres s'élèvent du sol.

En haute école, l'avant-main doit conserver plus d'élévation que l'arrière-main. Ainsi placé, le cheval, dont les épaules sont en partie débarrassées du poids du cavalier, s'élève, se grandit; la tête, grâce à la bonne position de l'encolure, se rapproche du buste de l'homme en revenant sur elle-même sans s'affaisser.

Le cheval ainsi placé, et dans son équilibre, a de la noblesse, de l'élégance. Ce rassembler lui donne un port assez majestueux, pour que les moins connaisseurs même l'admirent.

La nature lui a donné dans les reins, les hanches et les jarrets une triple force, toujours souple et puissante chez celui qui est bien exercé. — Aussi est-ce en le voyant au galop à fond de train que l'on peut se faire une idée de toute la force de son arrière-main.

C'est lui qui précipite l'allure et lui donne sa vitesse; du fond de train, il reçoit le poids de toute la masse, lequel est brusquement rejeté sur les jarrets lorsqu'on arrête court.

Avec quelle facilité un cheval n'exécute-t-il pas un demi-tour au galop !

Enfin, ce qui prouve d'une manière complète l'immense distance qui existé entre les hanches et les épaules, — toujours au point de vue de la force, de la souplesse et de la puissance, — c'est la pointe que le cheval monté promène souvent quinze ou vingt pas sans la discontinuer.

Les épaules sont nulles en équitation si le cheval n'est pas assis sur son arrière-main; dans ce dernier cas, l'encolure s'affaisse, la tête tombe, le mouvement des jambes de devant reste sous les épaules, et souvent les jambes de derrière ont, à certaines allures artificielles, plus d'élévation que celles de devant; enfin, le cheval, dans cette position, a l'air de bouder son cavalier, et la première qualité du cheval de haute école est la position qui lui donne le plus de beauté et d'élégance dans ses mouvements.

V

HAUTE ÉCOLE

PASSAGE

—

Le passage est un trot raccourci qui ne permet pas au cheval de développer ses mouvements comme il le fait lorsqu'il est porté franchement en avant. Cette allure artificielle l'oblige à lever ses jambes comme s'il était au trot. Elle permet de donner aux chevaux qui ont naturellement des mouvements lents et disposés à s'élever des temps cadencés et soutenus.

L'allure concentrée presque sur elle-même étant toute à l'élévation, le cheval s'élève, se grandit et se détache du sol.

Nous avons vu que l'assouplissement général prépare le cheval, le dispose aux airs de la haute école, en fortifiant ses parties faibles et en lui donnant du fond, de la force, de la souplesse et de l'adresse dans ses mouvements. Lorsqu'on est arrivé à obtenir ces exercices sans imposer au cheval une trop grande gêne et sans efforts de sa part, on peut commencer à le dresser, à l'ajuster.

Le passage, qui a pris naissance dans la première partie du dressage, doit être demandé, exigé toujours par le tact et aussi longtemps que les forces du cheval le lui permettent. Je dis exiger, parce que, s'il met de la mollesse, de la paresse dans son travail, et qu'il ne donne pas à l'allure artificielle tout le soutien qu'elle doit avoir, il faut recourir plus énergiquement aux éperons avec lesquels on peut lui communiquer autant d'énergie que sa nature en comporte.

Dans la première partie du dressage (assouplissement général), les mouvements cadencés que l'écuyer fait naître chez le cheval, pendant qu'il cherche à porter les hanches sous le centre, sont des temps de trot soutenus, rassemblés, qui font partie du passage. Au fur et à mesure que ces temps se développent, il faut les saisir, s'en emparer; alors on finit par lier, par souder pour ainsi dire le travail des aides aux temps du passage présentés par le cheval. Il résulte de la continuité de ce travail qu'au bout d'un certain temps l'allure artificielle se trouve prise, renfermée dans le tact de la main et des jambes.

Arrivé à ce point, le cheval ne demande plus qu'à être exercé, et cet exercice de tous les jours l'assouplit encore, le fortifie et l'habitue à prolonger ce travail du passage. C'est pourquoi on ne doit rien exiger par la force ; elle ne peut remplacer le temps et les exercices, sans lesquels le cheval, pas plus que le danseur, ne saurait arriver à un résultat.

Pour le mettre au passage, il faut, après l'avoir renfermé dans les aides, soutenir légèrement la main de la bride, laquelle maintient les épaules en ralentissant les

HAUTE ÉCOLE.

mouvements en avant, pendant que les jambes, par leur pression, aidée de l'éperon, actionnent l'arrière-main et font arriver le cheval sur le mors. Dans cette position, celui-ci élève ses actions, ne pouvant les développer ; on en profite alors pour l'obliger à les soutenir, à les détacher autant que possible du sol.

Pour obtenir ce résultat, il faut recourir à de petits effets de main presque imperceptibles qui soutiennent et règlent chaque mouvement des épaules.

Les jambes, de leur côté, toujours en rapport avec la main, complètent l'ensemble du travail des aides. Elles maintiennent l'action de l'arrière-main au moyen de pressions soutenues par le fer, s'il est nécessaire, et qui arrive également à marquer sur les flancs du cheval par des pressions nerveuses, mais pareillement imperceptibles à l'œil, la mesure régulière de chaque temps. Car si l'on précipitait l'allure, il est constant que l'élévation du passage se perdrait.

Si je me suis servi des mots : *travail imperceptible, des aides*, c'est parce que je crois que le beau idéal en équitation est de voir toute la vigueur, l'énergie, le brillant des allures de la haute école se déployer, s'agiter sous l'enveloppe calme et la main tranquille de l'écuyer.

Le passage élevé et cadencé est loin d'appartenir à tous les chevaux ; la vieille équitation seule n'admettait que les chevaux à grands moyens. Elle avait poussé si loin le développement des allures artificielles qu'elle avait pour chacune un spécimen, dans les grandes écoles royales. Aussi, lorsque dans les fêtes équestres tous les modèles étaient montés par les professeurs, on peut se faire une idée de l'effet que cela devait produire.

En dehors des reprises de haute école, reprises d'ensemble exécutées par plusieurs écuyers, il semble voir ces vingt chevaux, beaucoup plus peut-être, tout à des airs de manége différents comme on les voit encore sur les anciennes gravures, c'est-à-dire d'un côté le piaffer, le passage, la galopade, volte, pirouette, le pas d'Espagne, et enfin tous les airs près de terre. Et de l'autre les airs relevés, tels que la pesade, courbette, ballottade, lançade, cabrioles, etc. En pensant à ces hommes qui avaient poussé l'art équestre jusqu'à ses dernières limites, on se demande s'il n'y a pas aussi un côté de leur équitation qui nous échappe et que nous négligeons. Ce côté, c'est la réunion de toutes les beautés, beaux chevaux, belle position des écuyers, ainsi que l'éclat et le brillant des grands mouvements, à toutes les allures artificielles ; mais aussi quels sont les instruments recherchés par les grands virtuoses ? probablement ceux qui sont réputés les meilleurs ; car leur mérite serait peut-être sérieusement compromis, s'il en était autrement. Je crois pouvoir dire qu'il en était de même au temps passé pour les instruments de la grande équitation lorsqu'elle était dans toute sa splendeur.

Les écuyers, les connaisseurs de l'époque, n'admettaient comme chevaux réellement dressés que ceux qui réunissaient toutes les qualités propres aux airs de manége auxquels on les destinait. Outre la justesse du travail, ils voulaient que les chevaux fussent beaux, plein d'énergie et de force; cette harmonie, jointe à l'élévation des allures, montrait le cheval, non-seulement dans toute sa beauté, mais encore dans toute la beauté de ses actions.

Il est constant que ces grandes écoles, ainsi dirigées, devaient entretenir et développer le goût de l'équitation, et c'est de leur sein que se répandait l'art de monter à cheval.

Certes, tous les chevaux se dressent, mais, comme l'a dit M. Dupaty de Clam, si la nature n'a donné des dispositions et une cadence naturelle au cheval, jamais cette cadence ne deviendra brillante, quelque réglée qu'elle soit. Chaque animal a la sienne, il convient de la perfectionner, mais non de la changer; ce qui fait que lorsque l'on emploie toutes espèces de chevaux, on ne peut nécessairement les dresser que dans la mesure de leurs moyens.

En effet, ces chevaux peuvent être parfaitement dressés, mais, comme ils ne possèdent pas les véritables qualités de la haute école, que leurs allures sont étriquées, qu'ils n'ont d'autres mouvements que ceux indispensables pour mettre un pied devant l'autre; il en résulte que le travail est morne, triste, insignifiant à l'œil des masses, et souvent décourageant pour ceux qui s'occupent d'équitation ; car en équitation il faut savoir parler aux yeux. Un joli cheval, qui a des actions naturelles, fait retourner tous les promeneurs des Champs-Élysées. Que deviendrait le peintre si, dans un tableau, on se contentait de la pureté des lignes, en négligeant ou en amoindrissant la richesse des couleurs, lesquelles, comme le coup de baguette d'une fée, donnent la vie, l'air, le mouvement, soit aux personnages, soit aux paysages que l'on représente? Il est assez probable que ce genre de peinture laisserait indifférents les connaisseurs et même les masses. Eh bien, cette pauvre équitation en est là, elle s'est fait oublier, parce qu'elle n'a pas su, c'est-à-dire n'a pas pu garder son cadre et ses brillantes couleurs. Mais, comme elle est nécessaire, on y reviendra.

Si je n'ai parlé jusqu'ici que des chevaux de choix, ceux qui n'ont pas d'élévation ne sont cependant pas moins propres à ce genre d'équitation. Leurs mouvements sont près de terre, mais on peut les régler; seulement, ce passage ne se détache pas assez du sol; il manque de cadence et a peu de soutien. Il faut cependant excepter les chevaux d'action, car ils mettent tant d'énergie dans ce qu'ils font, que les temps élevés sont remplacés par des temps précipités. Et ces temps ont un brillant auquel il faut ajouter encore toute la beauté du cheval d'action.

Mais rien ne peut être comparable au cheval dont les qualités naturelles conviennent à cet air de manége. Comme une balle élastique qui bondit, les jambes planent et marquent un temps en l'air avant de retomber sur le sol.

Il est bien entendu que le travail des aides, employé pour obtenir le passage, est identique pour tous les chevaux : ramener l'encolure sur elle-même pour donner à la tête une position noble et gracieuse, soutenir l'avant-main afin d'augmenter son élévation, chasser les hanches sous le centre, entrer dans l'équilibre du cheval par le sentiment et l'accord parfait des aides, en complète harmonie avec ses mouvements. Enfin, rendre ses mouvements réguliers en employant des effets de mains, des effets de jambes qui, loin de troubler l'allure en agissant isolément, pénètrent pour ainsi dire dans chacun de ces temps, s'en emparer et les régler, voilà ce qui donne au cheval un équilibre parfait, le rend élégant et majestueux dans sa marche, mais toujours à la condition que les temps du passage seront soutenus et détachés du sol. On peut parvenir à donner un passage lent et détaché du sol aux chevaux qui répètent et manquent d'élévation, mais, pour l'obtenir, il faut le faire précéder du dressage au pas espagnol et ensuite au trot à cette même allure. Ce trot raccourci, renfermé, amène les temps du passage élevé avec lequel on peut exécuter, de deux pistes, tous les airs de manége, mais ce passage ne sera jamais aussi brillant, aussi élégant que celui des chevaux dont les mouvements ont une cadence naturellement lente et élevée

VI

PASSAGE DE DEUX PISTES

—

Nous avons vu dans le traité du cavalier que le jeu de barres était un moyen sûr de se rendre compte du savoir-faire des élèves, le passage de deux pistes est peut-être dans ces conditions pour l'écuyer, car, au pas, au trot et au galop, on peut parfaitement obtenir un travail de deux pistes, sans avoir recours au tact et au sentiment. Avec un cheval d'un bon caractère, on peut, même au galop, attaquer certains airs de manége, arriver aux changements de pied répétés. — Ce cheval fera peut-être tout cela, mais décousu, saccadé, violent dans des mouvements toujours accompagnés de ce sentiment de résistance qui engendre la laideur.

Il n'en est pas moins vrai que l'homme qui obtiendra ce résultat pourra dire, en parlant de son cheval : a-t-il fait ou non une volte, a-t-il fait des changements de pieds?

Oui, il a fait tout cela ; mais voilà justement la plaie de la haute école, elle a une doublure, bonne fille très-commode, très-vulgaire, mais qui ne refuse aucun moyen pour se donner les airs de haute équitation que la véritable école réprouve.

En effet, l'on peut exécuter, comme, sans monter à cheval, on peut monter sur un cheval, et l'on croit savoir; de là l'inévitable histoire du cheval rétif dompté dans les terres labourées.

Les autres arts ont cela d'avantageux, qu'il ne suffit pas d'avoir l'instrument pour s'en servir. A ce point de vue, j'ai toujours pensé que le cheval était le moins intelligent de tous les animaux, puisque l'on peut en *jouer* sans savoir s'en servir, excepté le vieux serviteur de manége, et surtout celui qui ne dépasse jamais la Madeleine.

Revenons au passage qui, pour être complet, ne doit ressortir que du tact.

Les mouvements du cheval, à cette allure, le forcent à maintenir continuellement en l'air les deux jambes que doivent remplacer celles qui posent sur le sol au moyen de batteries lentes, régulières et cadencées.

Il est constant que dans cette position il se trouve toujours en équilibre sur deux pieds, et cet équilibre est tel, que le cheval tomberait sans doute s'il venait à être poussé violemment pendant le soutien de ses temps. Le sentiment et le tact seuls peuvent donc régler et maintenir cette allure.

Le sentiment, si vous êtes moelleux, vous fait éprouver tous les mouvements du cheval; le tact, sous forme des aides, passe dans le sentiment auquel il s'est lié, et par ce moyen pénètre dans l'allure. Il s'en empare, — ainsi que je l'ai déjà dit, — il la règle, la maintient, mais toujours à la condition de ne jamais s'isoler de l'équilibre et de la cadence des temps qu'il doit souvent entretenir.

Les effets de tact agissent ainsi sur les mouvements sans les troubler, ce que ne peut faire le cavalier qui monte par la force en demandant cette allure. Travaillant pour son compte, rapportant tout à lui-même, — tout à lui seul, — presque étranger aux allures du cheval, il précipite, désorganise le passage, parce que, d'après son système, ce passage doit rentrer dans ses effets de main et de jambes, c'est-à-dire que, selon lui, ce seraient les mouvements du cheval qui doivent suivre le travail plus ou moins précipité des aides!

Qu'arrive-t-il alors, c'est que, dans ses allures élevées, le cheval est surpris, au moment même de l'élévation, par un effet de jambe qui défait le mouvement, le détruit en précipitant l'allure, et détermine souvent cette lutte sourde dont j'ai déjà parlé.

Je sais bien que l'on rencontre certains chevaux qui s'habituent à ce faux emploi des aides et finissent à la longue par se maintenir au passage sur le droit; mais ce que je crois plus difficile, c'est d'obtenir le passage élevé de deux pistes, car, à chaque temps de côté que vous faites faire au cheval, vous déplacez l'équilibre de la ligne droite, et il faut qu'il le retrouve sur le temps du côté que vous lui faites faire.

Ce travail de deux pistes offre donc, par là même, de grandes difficultés. Voici l'ensemble du mouvement:

Le premier équilibre est celui du rassembler, c'est-à-dire l'ensemble des forces de l'arrière-main et de l'avant-main qui, liés les uns aux autres, produisent cet équilibre. Il permet au cheval de s'élever du sol et de soutenir les temps ;

Le second, c'est l'homme sur un pied, tandis que le cheval se porte sur deux jambes, l'une de devant, l'autre de derrière, mais disposées en diagonale. Le quadrupède, sur le droit, soutient facilement ce second équilibre ; mais si vous voulez, — toujours à ce passage, — prendre un changement de main, vous pouvez être certain de jeter aussitôt le désordre dans l'allure.

C'est en procédant par le juste emploi des aides, et par un exercice progressif de tous les jours, que vous arriverez à vaincre la maladresse du cheval, à familiariser ses mouvements de jambes avec cet air de manége qui l'oblige, en conservant son rassembler, à retrouver et reprendre son équilibre naturel à chaque foulée que vous lui faites faire de côté.

Essayons maintenant de détailler les moyens qu'il faut employer pour le dressage à cette allure artificielle.

Nous supposerons que la leçon commence en marchant à main droite.

Pendant que l'on est encore droit sur la ligne où va commencer le changement de main, on réglera d'abord la cadence du passage. Cette cadence une fois obtenue, lorsque l'on sera certain de la conserver, — c'est-à-dire lorsqu'on sentira le mouvement bien renfermé dans le tact des aides, le cheval étant encore droit sur la piste, on commencera par le placer à droite. Une fois ce pli donné à l'encolure, on portera légèment la main à droite, en ayant soin que les temps, toujours du même côté, soient très-rapprochés les uns des autres, et que les épaules prennent de suite l'avance nécessaire à la double régularité de la position et de la marche.

Voilà pour l'avant-main; maintenant passons à l'arrière-main.

Pour déplacer les hanches, la jambe gauche doit augmenter sa pression en s'aidant du fer s'il est nécessaire; mais, en agissant toujours dans la mesure et la cadence de l'allure. Ces effets de jambes doivent être soutenus par ceux de la jambe opposée, car cette dernière doit toujours, pendant le travail de deux pistes, comme sur la ligne droite, entretenir l'impulsion, le rassembler, et le rhythme des temps de passage.

Il est constant que les premiers pas de côté que vous demanderez amèneront du désordre dans l'allure. Pour rétablir l'ordre, on remettra le cheval sur le droit, et c'est seulement après l'avoir fait rentrer dans son équilibre et dans la régularité des temps du passage qu'il faudra revenir au travail de deux pistes.

Arrêtez, recommencez, demandez peu à la fois, et ces temps élevés finiront par prendre place dans l'allure. Le cheval, après un exercice progressif de tous les jours, arrivera, — tout en maintenant le rassembler, — à retrouver son équilibre sur ces temps de côté, et cela avec autant de facilité que s'il parcourait une ligne droite.

Que pourrait la force employée dans ces mouvements complétement élastiques, et dont chaque temps, — comme nous venons de le voir, — doit rester en équilibre? Ne perdons pas de vue la sensibilité plus ou moins nerveuse du cheval, et voyons ce qu'elle pourrait faire.

S'il n'y a pas accord parfait entre les aides et le passage, il est facile de comprendre que les aides, travaillant pour leur compte, ne pourront amener l'impulsion sur les deux pistes sans toucher à la mesure des temps et à la régularité de l'allure.

Maintenant, si vous mettez trop de force en portant la main de côté, l'écart que vous faites faire aux jambes de devant détruit encore le rassembler ; le cheval, obligé d'étendre la jambe, ne peut conserver son élévation ; il en est de même si la pression ou l'éperon se font sentir avec trop de vigueur : non-seulement vous faites chevaler l'arrière-main de manière à détruire le rassembler et l'équilibre des temps, mais encore, en employant trop de jambe, vous forcez les hanches à dépasser les épaules et à leur former opposition.

Je le répète, les aides ont un double emploi qui ne doit relever que du tact : le premier est d'entretenir le passage ; le second de trouver, sans rien prendre au travail des aides qui soutiennent l'allure et la règlent, les effets de main et de jambes nécessaires pour déplacer le cheval de la ligne droite et le faire arriver de deux pistes. Tous les airs de la haute école peuvent être exigés à cette allure artificielle, mais le passage ne peut être demandé, commencé aux airs de manége qui offrent le plus de difficultés, qu'après en avoir obtenu la cadence d'une manière ferme et régulière dans les changements de main, l'épaule au mur et l'épaule en dedans, clef de tous les autres mouvements équestres.

VII

L'EPAULE AU MUR

La position pour le mouvement de l'épaule au mur laisse l'avant-main sur la piste, tandis que les hanches, quittant cette première piste, décrivent un quart de cercle et arrivent sur la seconde. Ainsi placés, cheval et cavalier font presque face au mur; presque, parce qu'il est toujours bien convenu que les épaules doivent avoir une avance de huit à dix pouces sur les hanches; ces dernières restent alors dans les conditions fixées par la nature.

Je crois m'être assez étendu sur le travail des aides pour le dressage de deux pistes dans le dernier article qui traite ce sujet, il me paraît donc inutile d'y revenir en détail. Il me suffira d'indiquer la position respective des hanches et des épaules dans ces différents mouvements, et comment ils doivent être demandés.

Étant au passage, le pli de l'encolure toujours du côté vers lequel on se dirige, on ralentit le mouvement des épaules en les maintenant presque sur place; pendant qu'elles sont ainsi contenues, les hanches quittent la première piste et se dirigent sur la seconde. Pour que l'équilibre ne soit pas compromis, il faut, tout en portant le cheval sur la main, faire exécuter le quart du cercle aux hanches par des mouvements tellement rapprochés, que le cheval ne puisse perdre le soutien de l'allure.

Dès que l'arrière-main termine son mouvement, il faut immédiatement engager les épaules pour la continuation du mouvement, — à droite, — si c'est de ce côté qu'on demande la tête au mur, et *vice versa*, ce qui fait que l'arrière-main arrive juste à la place qu'elle doit occuper dans la marche de deux pistes.

VIII

L'ÉPAULE EN DEDANS

Il suffit de déplacer les épaules de la première piste, de les ramener sur la seconde, pendant que les hanches restent maintenues contre le mur tout en les faisant pivoter sur elles-mêmes, jusqu'au moment où les épaules arrivent à occuper la place qu'elles doivent avoir dans cet air de haute école ; alors seulement l'arrière-main doit se mettre en mouvement.

Le travail est le même pour les coins du manége ; la partie qui se trouve en seconde piste, c'est-à-dire dans le centre, doit soutenir ses temps presque sur place, tandis que celle qui est sur la première n'a pas dépassé l'angle.

Les voltes, demi-voltes, sont dans les mêmes conditions ; ce sont tantôt les épaules, tantôt les hanches, qui ralentissent le mouvement.

Toutes les difficultés se trouvent réunies dans les voltes et pirouettes ordinaires ou renversées. Entrons donc dans quelques détails sur ces deux airs de manége, pour compléter l'ensemble du travail de haute école au passage.

IX

VOLTE ET PIROUETTE AU PASSAGE

La volte est un travail préparatoire pour passer à la pirouette.

Ce cercle, que le cheval parcourt sur les deux pistes, le met plus à l'aise dans ses mouvements.

Tout en l'étendant comme on le juge convenable, on peut aussi renfermer la partie qui se trouve à l'intérieur (c'est-à-dire les hanches et les épaules) dans un cercle progressivement rétréci. Et cet exercice amènera le cheval à soutenir presque sans fatigue les temps sur place.

Dans ces voltes, il apprend à maintenir d'une manière régulière et soutenir les temps rapprochés de l'arrière-main ou de l'avant-main, pendant que la partie placée à l'extrémité du cercle parcourt la volte.

C'est en diminuant le cercle, au fur et à mesure du progrès, que vous arrivez à la pirouette et à fixer la partie qui se trouve au centre, tout en lui conservant son élévation. Mais les pirouettes, tant ordinaires que renversées, présentent de grandes difficultés.

C'est un mélange de piaffer et de passage

appliqué, soit à l'avant-main, soit à l'arrière-main. Aussi est-il bon que le cheval sache piaffer avant de lui demander cet air de manége.

Dans la pirouette ordinaire, les hanches, pour conserver la régularité des mouvements, doivent donc être au piaffer tout en pivotant, ce qui fait qu'elles peuvent suivre le travail de deux pistes exécuté par les épaules.

Les effets de tact ont fort à faire pour maintenir, d'une part le rassembler, la régularité des temps, fixer l'arrière-main sans nuire à ces temps, — de l'autre, faire exécuter aux épaules leur mouvement de rotation autour des hanches, sans rien prendre à l'équilibre et à l'élévation du passage.

Ce tact qui se fait sentir, qui agit par

l'intermédiaire des aides, divise ainsi ses effets.

Aux jambes le soin de régler les mouvements de l'arrière-main, de les maintenir et de les soutenir sur eux-mêmes tout en portant le cheval sur la main.

La main qui reçoit cette impulsion en profite pour déplacer les épaules et leur faire parcourir le terrain qu'elles occupent dans la pirouette, mais par des temps rapprochés qui empêchent le cheval de compromettre l'élévation et la cadence de l'allure.

Dans les pirouettes renversées, ce sont les épaules qui restent en place, et les hanches qui marchent. Cette pirouette est impraticable si le cheval n'est pas complétement renfermé dans la main et dans les jambes. Car leurs pressions doivent continuellement le pousser sur le mors qui le maintient et l'oblige à s'asseoir sur ses jarets.

Dans cette position, l'équilibre se trouve renfermé dans le tact des aides, et c'est dans cet équilibre seul que l'écuyer peut demander le travail de deux pistes que doivent exécuter les hanches.

Les mouvements de l'arrière-main, rapprochés et soutenus par les pressions de jambes, doivent toujours être en rapport avec les effets de la main, lesquels, tout en faisant pivoter l'avant-main, règlent aussi les temps, et complètent ainsi l'ensemble de la pirouette renversée.

Les chevaux qui n'ont pas d'élévation au passage, et c'est le plus grand nombre, n'en doivent pas moins être parfaitement équilibrés et réglés dans leurs mouvements. Chez les chevaux d'action, cette allure, quoique près de terre, ne manque pas d'élégance, parce qu'ils remplacent par l'énergie ce qui leur manque en cadence et en élévation.

IX

LE PIAFFER

—

Le piaffer, comme dit M. Dupaty de Clam, est un passage en place, et il ajoute : Rien ne met plus les chevaux en équilibre que ces deux airs ; les ressorts jouent à peu près dans la même place, et l'homme se plaît à les manier, lorsque la cadence est observée; mais il ne faut pas en abuser, car il deviendrait pénible au cheval.

Rien n'est plus vrai que cette observation, l'écuyer se plaît à les manier; les temps qui ressortent de ces deux allures artificielles sont tellement élastiques, légers, cadencés, que l'on éprouve un véritable plaisir à leurs mouvements, à les sentir renfermés dans le tact des aides. L'écuyer et le cheval de haute école réunis peuvent être comparés au centaure, car ils sont tellement liés, leurs mouvements sont tellement solidaires, que tout est commun dans ce qu'ils éprouvent l'un et l'autre.

Revenons au piaffer.

Ce passage en place ne doit être demandé qu'autant que le cheval continue cette allure sur la ligne droite, en se portant en

LE PIAFFER.

avant sans hésitation et sans résistance aucune.

Les premiers temps du piaffer s'obtiennent au moyen d'effets de main plus soutenus ; ils maintiennent les épaules sur place pendant que les jambes ne cessent de pousser les hanches en avant, en marquant et conservant toujours le rhythme de l'allure.

Ces premiers temps du piaffer pris dans le passage sont presque toujours obtenus sans résistance. Dans les premières leçons, il faut ne demander que quelques mouvements, s'en contenter et revenir immédiatement au passage.

La leçon du piaffer, répétée chaque jour, habitue le cheval à soutenir sans fatigue cet air de manége. La limite, pour chaque leçon, est la gêne qu'il éprouve et qui se traduit par des mouvements lourds, sans souplesse, bien entendu sans légèreté. Dans cette position, il reste dans la main et dans les jambes, ses levées de jambes deviennent irrégulières, et l'on a le sentiment d'une résistance sourde qui amènerait inévitablement du désordre si l'on persistait à exiger cette allure.

J'ajouterai que le piaffer, comme le passage, qu'il soit élevé, près de terre ou tride, doit toujours être réglé dans ses temps; autrement — et si les actions du cheval étaient précipitées — il en résulterait que les jambes de derrière se détacheraient du sol en saut de pie, tandis que celles de devant remplaceraient, par un trépignement disgracieux, les mouvements réguliers du piaffer.

X

LE GALOP

—

J'ai dit, en commençant, que l'assouplissement général commence dans les premières leçons du galop à la suite du ramener; le cheval, préparé par ces deux exercices, se trouve en état de continuer son galop, et ce galop doit être demandé aussi raccourci que le permet l'ensemble des forces.

Arrivé à soutenir l'allure d'une manière régulière, sans efforts ni fatigues, passant alternativement d'une piste à l'autre piste, d'un cercle à l'autre cercle par des changements de pied (après l'arrêt), dont la foulée reprend au premier temps de galop la cadence de l'allure ; remplissant enfin toutes les conditions de l'assouplissement général, le cheval entre désormais dans la partie du dressage qui relève de la haute école.

Quelques mots encore sur l'assouplissement général et sur les mouvements auxquels on exerce le galop sur le droit.

Il ne suffit pas de maintenir les hanches sur la ligne des épaules; — pour arriver à l'équilibre, il est indispensable aussi de faire revenir le cheval dans la main au moyen de demi-arrêts, tandis que les jambes font arriver les hanches sous le centre; c'est ce qu'on appelle renfermer le cheval dans son galop régulier.

De plus, je répéterai que, dans les lignes circulaires, on doit apporter le plus grand soin aux détails qui composent tous les mouvements du changement de pied; arrivé à la limite du cercle que l'on parcourt, il faut arrêter, se reporter sur l'autre ligne circulaire à l'aide de quelques temps de trot, pendant lesquels on ramène l'encolure de ce côté; le cheval devant être incliné, arrondi dans ce second cercle, et là seulement on l'enlèvera au galop.

Les premiers temps de côté à cette allure doivent être demandés comme il a été fait pour le trot raccourci à la fin des changements de main; mais ce travail est facile pour le cheval qui a déjà passé par tous les exercices du trot rassemblé.

Les épaules les premières, faire arriver les hanches en second, tout en les portant en avant, ne pas précipiter le mouvement de côté : voilà toujours le but de l'emploi des aides.

XI

LE CHANGEMENT DE PIED

Le changement de pied est un mouvement naturel ; le cheval en liberté et au galop s'en sert pour tourner à droite et à gauche, jamais on ne le voit tourner court à faux. La nature de ses mouvements l'oblige à se mettre de lui-même sur le bon pied, et son instinct lui fait cemprendre qu'il y est à l'aise. Tout ce qui peut arriver, c'est qu'il reste désuni.

Mais, en liberté, le temps irrégulier n'existe que dans l'arrière-main, et indique presque toujours qu'il y a gêne, souffrance ou faiblesse dans cette partie.

Puisque ce mouvement est si naturel, dira-t-on, pourquoi le cheval monté n'exécute-t-il pas lui-même le changement de pied?

C'est que ce changement de pied, comme tout son être, ne lui appartient plus; livré à lui-même, il se dirige avec son intelligence comme il l'entend; mais, monté, cette intelligence comme son corps sont dominés par une volonté étrangère qui s'empare de la liberté de ses mouvements

et qui en dispose comme bon lui semble ;
alors le cheval doit tout apprendre, car il
a tout oublié ; c'est pourquoi il faut le
dresser.

Cela est si vrai, que je n'en veux pour
preuve qu'un fait assez commun, souvent
constaté par les personnes qui possèdent
des chevaux, s'en occupent, et dont moi-
même j'ai été témoin.

Le cheval dans sa stalle redevient son
maître ; il arrive souvent à celui qui est
d'un caractère naturellement gai et joueur
de prendre un mouchoir ou tout autre objet qu'on lui présente, et de s'en amuser
en le mâchonnant. Plus tard, et familiarisé
avec ce jeu, il prendra de lui-même l'objet
que vous aurez laissé dans la mangeoire.

Maintenant, si vous voulez savoir au juste
à quoi vous en tenir, détachez-le, retour-

nez-le, et présentez-lui le mouchoir; le cheval reste impassible et la bouche parfaitement fermée, il ne sait plus rapporter, car ce n'est plus sa propre intelligence qui agit, vous l'avez supprimée en le retournant, cette position étant le point de départ de sa servitude.

Cette petite digression nous a éloigné du changement de pied, revenons-y. Lorsqu'on a redressé l'encolure, au fur et à mesure du progrès de l'élève, on commence à demander le pli de cette encolure aussitôt que s'obtient à volonté le départ sur le pied droit ou sur le pied gauche, c'est-à-dire la tête légèrement inclinée à droite, si le cheval se porte de ce côté, et *vice versâ*.

Arrivé à ce point, le dressage se trouve dans des conditions bien différentes, et, si le cheval hésite, on peut commencer à exiger cette allure par des moyens plus énergiques.

Les départs faciles permettent de le renfermer dans la main et dans les jambes, de le rassembler et de lui demander le galop à droite ou à gauche, sur un effet du rassembler. On l'obtient au moyen d'un léger soutien de main qui ramène l'encolure dans son pli régulier, au moment où les épaules, toujours poussées par les hanches, s'élèvent dans leur galop.

L'emploi des aides appliqué aux mouvements du cheval et qui s'exécute avec une grande promptitude, peut être décrit en quelques mots.

Un soutien de main et deux effets de jambes, l'un plus senti que l'autre.

Lorsque je parle de pression de jambes, il est bien entendu que l'éperon s'y trouve compris, car c'est le gardien vigilant, toujours prompt à faire rentrer le cheval dans l'obéissance des aides.

On trouvera peut-être que ces quelques mots étaient suffisants et pouvaient dispenser d'explications trop développées. Je serais assez de cet avis, car la concision est une qualité fort respectable, mais il me paraît impossible d'écrire sur l'équitation sans tomber dans les détails plus ou moins voisins de l'ennui; aussi les lecteurs qui vont d'un bout à l'autre d'un traité de ce genre sans laisser leur patience en chemin doivent-ils être considérés comme possédant une volonté exemplaire et une louable résignation.

Je compte sur leurs bonnes dispositions, et j'en abuse pour reprendre le travail des aides, toujours pour les changements de pied, mais cette fois du tact au tact, c'est-à-dire sans suspendre le galop.

Le changement de pied arrêté, demandé aux airs qui composent la première partie du dressage, rend non-seulement le cheval adroit dans ses mouvements lorsqu'il l'exécute, mais encore, et comme je l'ai dit, il arrive qu'au bout d'un certain temps il change de lui-même dans son galop, c'est-à-dire sans discontinuer l'allure.

Ce cheval a trouvé dans le dressage préparatoire le changement de pied en l'air, mais retrouvé à la suite d'un travail, d'exercices qui le lui ont rendu facile au point de l'amener à l'exécuter lui-même.

Cette règle est loin d'être générale ; je dirai même que c'est l'exception ; c'est pourquoi, si le cheval s'en tient ponctuellement aux exigences des aides, c'est à l'écuyer de juger, de sentir s'il peut les obtenir dans l'allure; du reste, le premier essai donne au juste la mesure des progrès.

Les premiers changements de pied doivent être demandés dans les changements de directions, quelques foulées avant d'arriver sur la piste opposée. On aura soin de renfermer autant que possible le cheval dans la main et dans les jambes; cette augmentation de la puissance des aides ne manquera pas de redoubler aussi l'énergie du cheval; mais il est important de l'empêcher d'allonger le galop en l'obligeant à concentrer ses mouvements sur son équilibre.

Ce travail des aides, qui a pour but un rassembler complet, a en outre l'avantage de faire pénétrer dans les mouvements du cheval une énergie nerveuse qui l'impressionne, le rend attentif aux effets de la main et de la jambe, et c'est dans cette action qui le rend léger, léger partout, que vous devez demander le changement de pied.

Le travail des aides pour le changement de pied en l'air est nécessairement le même que pour les départs au galop ; seulement, tous ces effets de tact se concentrent et agissent sur un seul temps de galop, celui qui change.

Mettons le cheval à cette allure et faisons-le changer de droite à gauche, de gauche à droite, les principes sont les mêmes dans le courant de cet ouvrage. Je place indistinctement à main gauche ou à main droite, le travail renversé des aides étant absolument pareil, si vous demandez aux deux mains le même air de manége.

Arrivé au temps du changement de pied, il faut marquer un léger soutien de main, tout en ramenant la tête à gauche; mais, pour que la rêne du dedans rappelle l'encolure, il faut aussi avoir soin, au moment où la main va agir, de tourner les ongles en-dessus. Dans cette position, la rêne gauche a plus de tension que la droite, et l'effet qu'elle marque dans le ramener doit suffire pour placer la tête.

C'est à l'assouplissement général de mettre le cheval en état de répondre à cet effet de rêne, et à l'écuyer de ne pas demander le changement de pied en l'air avant que l'encolure ne soit parfaitement souple et surtout que le pli n'ait été obtenu régulièrement et avec facilité dans le changement de pied après l'arrêt.

Il est toujours bien entendu que l'effet

de main agit sur l'impulsion donnée par les jambes, et c'est sur cet effet légèrement soutenu que le cheval change.

Les jambes, tout en le poussant en avant, en le forçant à arriver à se renfermer dans les aides, divisent leurs effets ; la droite augmente sa pression jusqu'au fer, s'il est nécessaire, et renvoie le temps de galop avec son changement de pied sur la gauche. Celle-ci à son tour arrête les hanches, c'est-à-dire les empêche de se jeter de côté tout en les portant en avant. Ce changement de pied demandé et soutenu par la main, exigé par la jambe droite, maintenu par la gauche, arrive à prendre place dans l'allure sans rien changer au mouvement régulier du galop.

Le galop à faux, — c'est-à-dire à contre-pied lorsqu'il est volontaire, — est un exercice indispensable.

Ce galop, toujours gênant pour les chevaux, demande à être exercé jusqu'au moment où il leur est également facile de galoper juste ou à faux : à ce point, on peut commencer les changements de pied plus rapprochés.

Il y a des chevaux qui, si vous les sortez des lignes droites, soutiennent très-difficilement le galop à faux ; faites des départs sur de grands cercles, mais, comme toujours, ne demandez les changements de pied qu'autant que ces départs auront été obtenus sans trop d'efforts et de difficultés.

Surtout de la patience ; c'est un gaucher qui veut se servir de la main droite et l'exerce.

On me reprochera peut-être d'avoir reculé aussi loin le galop à faux ; je le mériterais d'autant plus que c'est avec intention, car je crois qu'avant de l'exiger il est nécessaire d'avoir le galop facile, sur le bon pied; s'il en était autrement, on compliquerait les difficultés du travail à faux de toute la maladresse du cheval dont le galop régulier ne serait pas suffisamment exercé.

Mon idée fixe est de supprimer la force, et c'est l'éviter que de suivre un travail gradué, qui ne s'adresse qu'à la *force exercée* du cheval, — force dans laquelle on retrouve toujours la souplesse, le fond et l'adresse dans les mouvements; mais, ainsi préparé, il est en état d'aborder les hautes difficultés de l'équitation.

XII

LE GALOP DE DEUX PISTES

—

Je devrais peut-être, pour diminuer l'ennui de ce chapitre, me contenter de dire que le galop sur les deux pistes se trouve, par l'emploi des aides, presque dans les mêmes conditions que le passage à cet air de manége. Je serai d'autant plus dans le vrai, que les premiers pas de côté au galop sont faciles en ce sens que le cheval a déjà passé par tous les exercices préparatoires du pas et du trot raccourcis sur les deux pistes.

Mais l'allure n'est pas la même, voilà ce qui m'arrête.

J'aime donc mieux qu'on me reproche quelques longueurs que de risquer un travail incomplet.

Les changements de directions sont encore les points de départ des premiers pas de côté au galop; comme pour le pas et le trot raccourci, ils doivent être demandés à la fin du changement de main. Ces changements ayant déjà été exécutés par le cheval, comme je viens de vous le dire, il est bien rare que l'écuyer rencontre de la résistance.

Il suffit d'un léger effet de main qui soutient les épaules au moment où les jambes portent les hanches de côté et les engagent sur la seconde piste. La main, tout en dirigeant les épaules, les maintient légèrement; elle empêche le cheval de presser l'allure lorsqu'il se sent plus actionné par les jambes, dont l'une le porte de côté, tandis que l'autre, tout en poussant les hanches en avant, les empêche de dépasser les épaules.

Le changement de main terminé, il est bon de faire reprendre le cheval, s'il se trouve impressionné, ce qui arrive souvent avec les chevaux énergiques; ce repos le calme.

Je recommande encore de ne pas presser le mouvement en portant avec trop de force la main du côté de la direction, ou en forçant trop de la jambe; le cheval, comme au passage, a besoin, pour conserver son équilibre, de ne prendre que très-peu de terrain à chaque foulée de côté.

Maintenant, voici comment le changement de main de deux pistes complet doit être demandé :

Le cheval étant enfermé dans la main et dans les jambes, la tête placée, vous engagez les épaules dans la diagonale; les hanches suivent, tout en se portant de côté. Elles doivent arriver, autant que possible, sous le centre de manière à obliger le cheval à se renfermer dans son pli d'encolure.

En poussant toujours ses actions sur la main, tout en le portant de côté, on l'oblige à rester dans son équilibre. Ainsi rassemblé, placé comme s'il marchait droit devant lui, il ne perd rien de sa grâce et de son élégance, le mouvement reste brillant; mais gardez-vous d'exiger avant qu'il ne soit en état de répondre aux aides; tous les jours il vous donne la mesure de ce qu'il peut faire, mais aussi tous les jours il y a progrès, si vous n'allez pas au delà de ses forces.

Dans les commencements, prenez le rassembler de très-loin, si vous sentez que les premiers temps de côté au galop sont pénibles pour le cheval, et, lorsque vous les *sentirez* plus faciles, commencez à le renfermer un peu plus dans la main et dans les jambes, ensuite continuez.

Une recommandation pour le contre-changement de main :

Arrivé au centre du manége, vous arrêtez. Changez de pied et reprenez ensuite la seconde partie du contre, changement de main qui ramène à la piste.

XIII

L'ÉPAULE AU MUR ET EN DEDANS

AU GALOP

La position est la même que pour le passage, l'épaule au mur. Les aides, qui déjà sont chargés d'entretenir le galop, doivent, en outre, déplacer les hanches de la ligne droite et les faire arriver en seconde piste, tandis que la main ralentit les épaules.

Ce mouvement ralenti des épaules vient en aide à l'écuyer, qui n'est pas obligé de précipiter les temps de l'arrière-main, les hanches ayant un quart de cercle à parcourir pour arriver en seconde piste.

Dans le galop, l'épaule au mur, il faut bien se garder de presser le mouvement. Les aides doivent l'accompagner, l'entretenir tout en le dirigeant; ayez toujours soin que les hanches ne devancent pas les épaules.

Je ne saurais trop recommander la position régulière, et cette recommandation s'étend à tous les airs de manége que comporte la haute école.

Avant d'exiger l'épaule en dedans, il est essentiel que le cheval soit exercé au galop à faux. Ce galop est presque aussi nécessaire que le galop juste. Les changements de pied répétés n'étant autre chose qu'un changement de pied juste auquel succède un changement de pied à faux, il est également nécessaire pour certains airs de manége.

L'épaule en dedans se trouve dans ces conditions. Pour l'obtenir, placez le cheval au galop sur la piste et supposons ce galop à droite. Avant de porter les épaules en dedans, arrêtez et faites passer du pied droit sur le pied gauche; ce changement de pied, demandé avant l'épaule en dedans, évite les désordres que pourrait faire naître le changement de pied exigé en même temps que cet air de manége.

Pour arriver à placer le cheval l'épaule en dedans, il faut soutenir et maintenir les temps du galop tout en déplaçant les épaules au moment où les hanches les poussent en seconde piste pour prendre elle-même la position qu'elles doivent occuper dans ce mouvement.

Ce sont les hanches qui poussent les épaules sur la seconde piste. En augmentant la pression de la jambe droite, soutenue, comme elle doit l'être, par la jambe opposée, cette impulsion, tout en portant les hanches de côté, fait arriver, en même temps, le cheval sur la main.

En réalité, la main n'a pour ainsi dire qu'à maintenir le ramener et à entretenir la régularité du galop au moment où les hanches, en se portant de côté, font arriver les épaules sur la seconde piste.

Une fois le cheval engagé sur les deux pistes et convenablement enfermé dans les aides, laissez-le dans ses mouvements, ne les pressez pas sous peine de compromettre le rassembler.

Enfin, lorsque vous arrivez dans les coins du manége, n'oubliez pas que les hanches ont beaucoup plus de terrain à parcourir que les épaules; si vous ne ralentissez celles-ci, les autres seraient obligées de courir après.

XIV

VOLTES ORDINAIRES ET RENVERSÉES

—

Nous avons vu plus haut (passage) que les voltes préparent et disposent le cheval à la pirouette. J'ajouterai ici qu'elles ont de plus l'avantage de l'exercer aux changements de pied nécessaires à cette même pirouette, l'étendue du terrain lui laissant plus d'aisance dans ses mouvements.

Ce changement de pied s'obtient presque sur place et sans difficulté, à la suite de ceux que l'on a déjà fait faire dans les voltes, mais il faut avoir soin de rétrécir ces voltes à mesure que les changements de jambe se feront avec plus de facilité.

Ce travail gradué amène tout naturellement à la pirouette.

Pour les premiers départs au galop, il est bon de ne les demander que lorsque le cheval, placé sur le terrain de la volte, se trouve dans la position régulière.

Pour la volte ordinaire, l'arrière-main doit être au centre, les épaules aux extrémités du cercle; ainsi placé, après avoir rassemblé le cheval, après l'avoir équilibré dans un trot très-raccourci et s'être bien assuré à cette allure qu'il n'oppose pas de résistance pour maintenir son équilibre, tout en se portant de côté sur la ligne circulaire ; on l'enlèvera au galop en ayant bien soin de pousser les hanches sur la main ; celle-ci, s'emparant alors de l'impulsion, maintient le cheval et l'oblige à continuer la volte.

Dans les voltes ordinaires, les hanches placées à l'intérieur du cercle ont bien moins de terrain à parcourir que les épaules ; il faut donc régler la marche de côté de manière que les épaules puissent conserver l'avance qu'elles doivent toujours avoir sur l'arrière-main, sans précipiter leurs mouvements.

Si la volte se fait à droite et que l'on veuille la reprendre à gauche, il faut arrêter, ramener le cheval sur les deux pistes à gauche, le placer régulièrement, et reprendre le galop comme il est indiqué ci-dessus. Cet exercice au galop devenu facile, si l'on veut exiger des changements de pied dans la volte, on aura soin de ralentir autant que possible la galopade à droite, s'il se dirige de ce côté, de manière à ne pas surprendre l'élan du cheval qui porte dans cette direction; le changement de pied s'exécute, si l'on peut se servir de cette expression, sur un terrain neutre, c'est-à-dire que le cheval, cessant de se porter à droite, par exemple, ne doit pas pour cela reprendre immédiatement la volte à gauche, c'est-à-dire dans le changement de pied même, faute que l'on commet souvent et qui compromet l'ensemble du mouvement.

Cela est facile à comprendre, je galope

VOLTES ORDINAIRES ET RENVERSÉES. 147

à droite, — toujours de deux pistes et en cercle, — comment l'impulsion donnée de ce côté, puis supprimée, comment obtenir le changement de pied, — repartir de deux pistes sur la volte à gauche, — le tout dans un temps de galop?

Les hanches fuyant à droite, le cheval reporte nécessairement dans cet élan tout le poids de son corps; il n'y a donc que des effets de force avec toute la puissance nécessaire, qui puissent l'enlever dans un changement de pied sur la piste opposée; mais qu'en résulte-t-il? comprimé par cette puissance des aides, surpris dans son équilibre, il ne manquera pas d'opposer la force à la force; les épaules pourraient suivre l'effet de la main, mais en se jetant violemment de côté, tandis que les hanches, surprises également par les jambes. — par la droite surtout, — se porteront au delà des épaules, ou bien ne répondront pas immédiatement à ces effets de jambes.

Cette faute commune, et même très-commune, est grave; non-seulement elle dérange le cheval, mais encore elle supprime le tact de l'écuyer. Le changement de pied, comme il doit être demandé, n'appartient pas au galop de deux pistes, c'est le point intermédiaire qui lie les deux voltes, c'est-à-dire qu'après avoir ralenti l'allure de la volte, soit à droite, soit à gauche, et au moment de demander ce changement, il faut concentrer le mouvement sur lui-même en supprimant le travail des deux pistes, ce qui laisse au cheval la faculté de se porter en avant dans son changement de pied.

Ce changement terminé, les épaules et

les hanches reprennent immédiatement le travail de la volte. Il faut alors régler le mouvement de manière à laisser aux épaules l'initiative du premier temps de côté. La bonne position des épaules empêche l'arrière-main de les déborder, et la volte ne peut plus être compromise.

XV

VOLTES RENVERSÉES

La volte renversée place les hanches au centre du cercle, tandis que les épaules s'en vont aux extrémités de ce même cercle.

Dans la volte renversée, si l'on précipitait trop le mouvement de deux pistes, les hanches auraient un travail tellement fatigant, qu'elles seraient hors d'état d'en supporter les efforts; il faut donc bien se garder de presser l'allure.

La volte renversée, régulière, exige que le cheval soit assis sur ses hanches; les épaules dégagées peuvent alors s'élever plus facilement du sol; elles grandissent l'avant-main et lui donnent une position élégante. Pour conserver cette position, il faut le pousser continuellement sur le mors; le mors ramène l'encolure et soutient les temps du galop de l'avant-main.

Le travail des aides fait que l'élève tend toujours à remonter dans la main de la bride. Ainsi renfermé, l'équilibre ne peut se détruire, mais cette position pénible pour l'arrière-main n'est qu'une partie de son travail. Il lui faut encore soutenir les temps de galop, afin que les épaules placées au centre puissent continuer régulièment leur mouvement à cet air.

Tout est pénible pour le cheval dans cette figure de manége, il ne faut donc pas en compliquer les difficultés par un faux emploi des aides ou par des exigences qui ne seraient pas en rapport avec les progrès. Pour éviter l'emploi de force d'une part et les résistances de l'autre, la condition première est la position régulière avec le pli d'encolure. Sur le terrain de la volte ne faites prendre le galop qu'après que les mouvements rassemblés au passage sont devenus très-faciles; arrêtez à la fin de chaque volte et ne repartez qu'après avoir donné la bonne position; le galop vient ensuite si vous n'avez pas de résistance.

Pour les changements de pied en l'air

(lorsque le cheval est en état de les faire), arrêtez le mouvement de côté, et, après avoir changé sur place, engagez les épaules les premières dans la direction de la volte, et faites suivre immédiatement les hanches, mais toujours en faisant arriver l'impulsion sur la main.

XV

LES

PIROUETTES ORDINAIRES ET RENVERSÉES

―

Le cheval exécutant bien les voltes est assez près de la pirouette pour que l'on puisse dire que ces deux airs du manége se complètent l'un par l'autre.

La position pour la pirouette est la même que pour la volte : le cheval, dans la main, est grandi par l'élévation des mouvements des épaules, mais toujours à la condition que les hanches arriveront sous le centre.

Les pirouettes ordinaires et renversées, profitent de la graduation antérieure du dressage pour les voltes, on peut, dès les premières leçons, les entremêler de passage et de galop ; seulement il faut savoir saisir les résistances et s'y arrêter.

Les résistances sérieuses sont rares, puisque déjà elles ont été combattues, travaillées et annulées dans les voltes; cependant la position plus ramassée du cheval dans les pirouettes, le peu de terrain qu'il occupe et qu'il parcourt, demande beaucoup de justesse dans l'emploi des aides, et l'on doit y apporter d'autant plus de soin, que l'on brusque le travail si l'on supprime toutes les lenteurs des exercices détaillés et progressifs de la volte.

Par ce juste emploi des aides, en demandant d'une part la pirouette ordinaire, et de l'autre le soutien de l'équilibre, vous ne laissez pas à découvert un côté faible dont le cheval saurait certainement profiter pour s'acculer ou détruire son équilibre en jetant ses hanches en dehors du terrain sur lequel elles doivent pivoter.

Si l'accord parfait des jambes et de la main, lié aux exigences de la pirouette, ne laisse rien à prendre au cheval comme moyen de résistance, il se trouve réellement renfermé dans sa pirouette; il ne peut s'y soustraire qu'en refusant les aides; mais comme il est dressé, qu'il a l'habitude de l'obéissance et le sentiment de la puissance des aides, ces résistances ne peuvent être provoquées que par la fatigue ou par la nouveauté du travail.

C'est pourquoi il est bon de commencer la pirouette au trot rassemblé, pour laisser passer cette incertitude que le cheval éprouve toujours lorsqu'on lui demande un exercice nouveau.

En l'enlevant au galop, dans la pirouette même qu'il est en train d'exécuter, vous ne faite que changer l'allure dans l'équilibre et dans l'élan donné du côté où il se dirige, et généralement quelques leçons suffisent pour le mettre en état de finir la pirouette entière.

Les jambes ont une grande puissance à exercer dans cet air de manége, toujours très-pénible pour le cheval. Pour que la pirouette soit correcte, il faut qu'il arrive sur la main à chaque temps de galop, l'équilibre est à ce prix, autrement il s'acculerait, et ce serait là sa puissance pour résister.

Chaque temps de galop doit arriver si franchement sur la main, que, si l'on rendait tout au lieu de maintenir le cheval, celui-ci se porterait immédiatement en avant.

Pour obtenir cette impulsion, les pressions de jambes doivent arriver avec une grande puissance dans les flancs, aidées, soutenues par l'éperon, qui souvent est indispensable; mais ces pressions, soutenues par le fer, doivent prendre leurs effets dans chaque temps de galop de l'arrière-main, de manière à ne pas troubler, mais au contraire à maintenir le rhythme et la cadence de l'allure.

J'ai déjà détaillé si souvent les effets des aides dans le courant de cet ouvrage, que je crois inutile de m'y arrêter davantage; je me contenterai de dire que la pirouette, comme tous les autres airs de manége de deux pistes, exige nécessairement plus de soutien de la jambe qui se trouve en dehors. Non-seulement elle empêche les hanches de s'échapper en *dehors*, mais elle leur imprime un déplacement, très-peu marqué il est vrai, du côté où se dirige le cheval, tout en les poussant en avant, toujours avec le secours de la jambe opposée, qui agit en dedans de la pirouette. La main reçoit le mouvement général (en avant), s'en empare, et à son tour le maintient. Elle règle la pirouette de façon qu'elle ne puisse se trouver compromise par le mouvement trop précipité des épaules. Elle empêche de prendre trop de terrain dans chacune des foulées de côté que l'on dirige sur la ligne circulaire.

Le changement de pied dans les pirouettes se fait absolument comme dans les voltes; arrêter et reprendre, tant qu'il se présente encore quelques difficultés. Si vous les demandez du tact au tact, laissez au cheval la facilité de se poster un peu en avant lorsqu'il change, le changement de pied n'en sera que mieux marqué et le cheval plus à l'aise.

XVII

LES PIROUETTES RENVERSÉES

J'ai détaillé, dans les voltes renversées, toutes les difficultés que le cheval rencontre pour arriver à compléter ces voltes; ces mêmes difficultés se présentent dans la pirouette renversée, seulement, comme le mouvement est concentré sur lui-même, c'est-à-dire comme les épaules sont obligées de pivoter au galop, tandis que les hanches galopent autour, ces difficultés sont encore plus sensibles.

Voici comment le cheval cherche à y échapper :

Pour une pirouette renversée, il doit, avant tout, conserver la bonne position que donne le rassembler, c'est-à-dire élévation d'avant-main, élévation d'encolure dans le ramener, impulsion sur la main, les hanches sous le centre.

Cette position est d'autant plus pénible, que ces dernières sont obligées de maintenir un galop un peu plus développé sur les deux pistes, tandis que les épaules le marquent presque sur place dans leur mouvement de rotation; toute la difficulté consiste donc à obtenir ce mouvement en forçant le cheval à s'asseoir sur ses hanches et à se porter franchement sur la main.

Mais que fait celui-ci, si vous exigez trop vite ou si vous négligez l'équilibre ? Pour éviter de se rassembler, il cherchera toujours à s'échapper avec ses hanches, et, pour y arriver, il précipitera de lui-même les temps de l'arrière-main, ce qui lui sera toujours facile dans la pirouette et dans la volte, s'il n'est pas entièrement renfermé dans les aides.

Dans cette position, il est acculé, et l'avant-main, qui n'a plus son impulsion, s'enterre et se débat vainement contre l'arrière-main qui l'attire à elle : les rôles sont changés.

Ce mouvement précipité des hanches qui ne laisse rien dans la main est très-déplaçant pour le cavalier, déplaçant au point de déranger l'assiette et compromettre la tenue, si le haut du corps ne conserve pas sa position régulière.

Dans ce cas, ce qu'il y a de mieux à faire, c'est de ramener le cheval au point de départ de la pirouette, et là, le reprenant au passage, ne pas craindre de rassembler, d'obliger le cheval à se porter, à revenir sur la main; on peut l'exiger par des pressions puissantes aidées du fer, on peut l'exiger, puisque le cheval a déjà passé par tous les exercices gradués de la volte renversée.

Il ne faut l'enlever au galop que si on le sent complétement renfermé dans les aides, que si les épaules marquent avec régularité leurs mouvements presque sur place, tandis que les hanches, par des temps rapprochés, marchent sur la ligne circulaire qu'elles ont à parcourir.

Pour obtenir ce résultat, augmenter l'énergie des pressions, aidez-vous du fer, mais laissez à chaque jambe son double emploi pour le maintien du travail des hanches dans la pirouette. La main, grâce à ce surcroît d'action, peut élever le cheval dans son galop.

Il est toujours bien entendu que les épaules doivent marcher les premières.

Dans la pirouette renversée, elles ne peuvent dominer les hanches qu'à la condition que les pieds de devant traceront un très-petit rond dans leur mouvement de rotation : les épaules peuvent ainsi se porter un peu de côté, et cela suffit pour qu'elles conservent l'avance qu'elles doivent toujours garder sur l'arrière-main. S'il en était autrement, les hanches pourraient les déborder, alors le cheval échapperait à la main et retomberait dans la fausse position que j'ai déjà indiquée plus haut.

Une fois au galop, contentez-vous de quelques foulées, exigez-les, mais n'insistez pas trop longtemps, la pirouette étant très-fatigante et difficile à exécuter.

Si dans les premières leçons le cheval se présente mal, si vous sentez que ce travail lui est réellement trop pénible, ne craignez pas de revenir aux études de la volte renversée. Avec les chevaux dont la construction ou la maladresse des mouvements augment les difficultés, c'est encore la route la plus courte.

Arrivé au changement de pied, l'écuyer suivra la marche que j'ai déjà indiquée pour les pirouettes ordinaires; il s'attachera surtout à ce que le cheval remonte dans la pirouette renversée d'un demi-temps de galop en avant au moment où il change dans ce temps; par ce moyen, il assure sa pirouette, et de plus donne de l'élégance et de la grâce au changement de pied.

C'est seulement après avoir obtenu la pirouette renversée, sans résistance aucune, que l'on demandera les changements de pied du tact au tact. On ne peut faire revenir le cheval dans la main pendant le changement de pied en l'air qu'autant qu'il conserve sa bonne position et se trouve parfaitement équilibré dans la pirouette renversée.

XVIII

LES CHANGEMENTS DE PIED

AUX DEUX TEMPS

J'ai déjà traité la question du changement de pied, demandé à de très-grandes distances dans les commencements du dressage, et plus rapproché ensuite suivant les progrès du cheval.

Avant de les demander aux deux temps, il est indispensable que celui-ci ait non-seulement le changement de pied facile, mais encore que pendant qu'il l'exécute le tact puisse entretenir l'équilibre dans toute sa pureté. Pour commencer à demander les changements de pied aux deux temps, les mouvements du cheval doivent être tellement liés aux aides, que ces mouvements ne fonctionnent plus que sous l'impression de leur exigence.

A cette condition seule on peut commencer à demander quelques changements de pied aux deux temps. Le cheval dans son équilibre, toujours complétement renfermé dans les aides, ne peut exécuter le changement de pied juste, s'il n'est accompagné du pli régulier mais peu marqué de l'encolure et sur un effet de tact.

J'entends par là une pression plus ou moins sentie de la jambe qui demande ce changement, aidée souvent de l'éperon pendant que de son côté la main soutient par un arrêt léger la foulée où se fait le changement.

Partez ensuite tantôt juste et souvent à faux, de manière à entretenir le cheval dans ce galop, tout en continuant de l'habituer à changer indistinctement de pied.

Dans les premières leçons, il est bon de repasser ce travail avant de demander les changements de jambes aux deux temps. Ces premiers changements aux deux temps doivent être très-limités, deux ou trois pour commencer, suivre les progrès avant de les augmenter, rectifier les petites résistances que peut faire naître ce nouvel exercice, en supprimant les changements de pied aux deux temps; ne les reprenez que lorsque le cheval est rentré dans son équilibre parfait.

Je recommande de ne pas précipiter l'allure et d'attendre la fin du temps de galop avant de redemander le changement de pied qui suit; car, si vous surprenez le temps de galop en train de se faire pour exiger le changement de pied, vous détruisez l'équilibre et vous faites inévitablement naître cette contraction sourde dont j'ai déjà souvent parlé.

C'est au sentiment qui pénètre dans l'allure à donner au juste la mesure, le rhythme de chaque temps de galop, et c'est au travail des aides, guidé par ce sentiment, à n'exiger les changements de pied que dans le mouvement et la cadence régulière et naturelle de l'allure.

Je ne saurais trop le répéter, s'il en était autrement, on mettrait aux prises la force d'une part et la résistance de l'autre.

C'est surtout dans les tournants et les cercles, au changement de pied à faux, que les hanches tendent à s'échapper en dehors, tandis qu'à l'intérieur du manége elles se trouvent toujours maintenues enfermées dans ces tournants ou cercles.

Aussitôt le changement de pied à faux demandé par la main et la jambe de dedans, celle du dehors doit recevoir les hanches au moment où le cheval change; il faut les maintenir autant que possible sur la ligne des épaules et profiter du second temps de galop avant de reprendre le changement de pied qui suit, pour reporter les hanches en avant, les replacer entièrement sur la ligne des épaules, et enfin faire rentrer le cheval dans son équilibre.

Il est toujours bien entendu que, s'il présente des difficultés soutenues, on doit bien se garder de continuer les changements de pied aux deux temps avant de l'avoir complétement assoupli.

Le fer est souvent employé dans cet air de manége ; son approche douce doit cependant avoir assez de puissance pour communiquer le degré d'énergie qui détermine sûrement le changement de pied et le rend correct dans son ensemble; mais, si vous vous en serviez avec trop d'énergie, vous troubleriez nécessairement la régularité des actions, et le calme de l'allure indispensable pour cet air de manége disparaîtrait pour faire place au désordre.

Un grand écuyer a exprimé d'une manière bien remarquable l'emploi du fer,

LES CHANGEMENTS DE PIED. 177

par cette phrase : le pincé délicat de l'éperon. Ce pincé délicat entretient, anime le mouvement, soutient l'énergie du cheval, et conserve au tact des aides toute leur finesse et toute leur puissance.

XIX

LES
CHANGEMENTS DE PIED AU TEMPS

Les changements de pied au temps sont quelquefois faciles pour le cheval et pour l'écuyer; si l'on a soin de ne les demander qu'autant que ceux que l'on a d'abord exigés aux deux temps ne laissent plus rien à désirer comme régularité et surtout comme facilité.

Cette facilité doit être assez complète pour faire passer les changements de pied dans les habitudes du cheval; ce serait le moyen de s'éviter à soi-même des luttes et à lui des corrections contre lesquelles il ne peut protester en faisant entendre qu'il est encore maladroit et trop gêné dans ses mouvements.

Les changements de pied au temps doivent suivre le travail progressif que j'ai indiqué pour les deux temps. Quelques-uns seulement pour commencer et demander comme il suit : les jambes, tout en poussant les hanches en avant, se renvoient de l'une à l'autre le changement de pied, la main marque sur l'impulsion et sur chaque temps de galop un léger soutien, dans lequel se trouve compris le pli de l'encolure, mais légèrement marqué.

Si le galop est lent et régulier, l'écuyer qui éprouve et sent bien chacun des temps de ce galop règle avec sûreté ses effets de tact.

Il n'en est pas de même pour les chevaux dont le galop est tride, et dont les temps précipités, rapprochés, dessinent à peine, dans l'arrière-main surtout, les mouvements de chaque jambe; là est la vraie difficulté. Non-seulement il faut que le sentiment de l'écuyer s'immisce dans chaque foulée de galop, de manière que chaque effet de tact arrive juste sur ce temps, mais encore il faut continuellement parer aux mouvements précipités, irréguliers, désunis, soit de l'avant-main, soit, plus souvent encore, de l'arrière-main, car ils ne manquent pas de se faire jour, même au travers du juste emploi des aides.

Armez-vous de patience pour les chevaux qui présentent des difficultés de ce genre, et ne demandez qu'en petit nombre les changements de pied aux temps. Si dans les tournants les hanches vous échappent, vous les ramènerez difficilement sans désordre. Aux deux foulées, au contraire, il reste toujours un temps de galop qui permet de replacer les hanches en ligne, avant de reprendre le changement de pied.

Aux temps, vous êtes nécessairement obligé de rétablir l'équilibre et la position dans le changement de pied même; si vous employez ce moyen, vous amènerez inévitablement la force d'un côté et la résistance de l'autre.

Pour éviter ce double inconvénient, il est plus sûr, après un déplacement de hanche, de revenir immédiatement à la position régulière en maintenant le galop sur le même pied jusqu'au retour du véritable équilibre.

Si, malgré les indications que je viens de donner, cette espèce de chevaux offrent de sérieuses difficultés, il en est d'autres pour lesquels cette allure artificielle devient tellement facile, qu'ils tombent d'eux-mêmes dans les changements de pied aux temps sur les moindres effets de mains et de jambes. Bien plus, il arrive souvent qu'ils cherchent à les utiliser au profit de leur paresse, en les exécutant au moment même où ils sentent qu'un air de manége encore moins dans leur goût va leur être demandé.

Comme je l'ai déjà dit, ces chevaux ont le galop et le changement de pied naturellement régulier et facile.

XX

DU PIAFFER AU RECULER

C'est encore dans l'impulsion que l'on doit prendre les effets de tact qui ramènent le cheval sur lui-même en le portant sur des temps de piaffer qu'il exécute tout en reculant.

Étant donc au piaffer, on donnera d'abord à cette allure tout le soutenu, toute l'énergie que le cheval peut déployer.

Ces mouvements, ainsi soutenus par la main et les jambes, dont les effets pénètrent dans l'allure en agissant juste sur chaque temps de piaffer; ces mouvements, dis-je, remontent dans la main de la bride; alors l'écuyer marque des arrêts plus sentis qui refoulent l'allure sur elle-même pendant que les jambes continuent de soutenir les temps de la cadence aussitôt que le cheval cède en revenant sur lui-même; il faut immédiatement le reporter en avant, sans quoi il finirait par s'acculer malgré les aides. N'augmentez les temps du reculer qu'autant qu'ils se font facilement, si la plus petite gêne vient à être transmise aux aides par le cheval, gardez-vous d'insister, c'est de l'équilibre et de l'équilibre le plus pur que dépend cet air de haute école; la force n'y peut rien.

XXI

LE GALOP AU RECULER

Avant d'exiger le reculer au galop il y a un premier travail à demander au cheval, travail qui l'amènera peu à peu à exécuter le galop en arrière sans efforts de sa part et sans efforts violents de la part de l'écuyer. Je diviserai donc ce travail en trois parties.

La première consiste à ralentir le galop, c'est-à-dire à diminuer le mouvement en avant au point que ce galop s'exécute presque sur place.

La seconde a pour but d'habituer le cheval à maintenir cette allure sur place; et la troisième, enfin, à galoper en arrière.

Pour donner au galop raccourci de la haute école le moins de terrain à parcourir dans chaque foulée de cette allure, il suffit de soutenir plus énergiquement le cheval dans les jambes, de manière à l'empêcher de passer au trot, pendant que la main agit avec un peu plus de persistance; elle l'oblige ainsi à ralentir le mouvement, et le force à concentrer l'allure sur elle-même.

Ce premier travail, arrivant presque à la

fin du dressage, se trouve par conséquent en de bonnes conditions pour être demandé sans de trop grandes difficultés.

De ce galop très-raccourci au galop sur place il y a une différence peu marquée souvent difficile à saisir pour l'écuyer, et sensible pour le cheval. L'écuyer, au moyen des aides, doit s'immiscer d'une manière complète dans chacun des temps du galop, et c'est dans chacun de ces temps que les jambes agissent et poussent les hanches sur la main de la bride. La main marquant l'arrêt dans le ramener et sur chaque élan de la galopade, l'allure se trouve nécessairement ainsi contenue et finit par fonctionner sur place.

Il est toujours bien convenu que c'est seulement progressivement que l'on arrive à ce travail. L'écuyer est le seul juge de ces difficultés; il ne peut demander le galop sur place que lorsqu'il sent un équilibre facile, équilibre dans lequel la galopade très-raccourcie fonctionne sans effort; alors, et avec les moyens que je viens d'indiquer, on tente deux ou trois temps de galop sur place. Après cet essai, on reporte le cheval en avant, de manière à régulariser le galop, dont les mouvements sont troublés par l'exigence de la leçon en place.

Ce travail, très-pénible, exige des temps de repos fréquents que je ne saurais trop recommander.

Le galop au reculer suit ce dernier exercice. Pour l'exécuter, il suffit de renfermer, autant que possible, le cheval dans les aides, de le pousser énergiquement sur la main, mais toujours à chaque temps de galop, et c'est dans cette impulsion qui vient battre sur la main que l'effet de main marque les arrêts qui renvoient le cheval sur lui-même.

Chaque temps de galop, revenant ainsi en avant et sur le mors, permet à la main qui agit avec plus de puissance de refouler l'impulsion en arrière, mais sans pour cela la détruire; s'il en était autrement, le cheval s'acculerait.

Cet exercice, de même que les précédents, doit être coupé par les intervalles d'un repos indispensable et qu'il faut savoir prolonger en raison de la fatigue.

XXII

DE LA POSITION

On ne saurait trop s'étendre sur la position, car c'est la véritable base de l'équitation. Je crois donc devoir y revenir, bien que cette question ait déjà été traitée dans la première partie de cet ouvrage : *Le Cavalier*.

Entre un cavalier et un écuyer la tenue diffère, quoique dans leur ensemble ces deux positions soient les mêmes.

Au dehors, le cavalier n'a pas besoin d'être toujours près de son cheval; il peut être plus assis que l'écuyer, avoir les étriers plus courts, les jambes moins régulièrement placées, enfin, plus de laisser aller dans sa position.

L'écuyer, au contraire, qui ne peut et ne doit rien négliger dans la tenue que je vais détailler, paraîtra, je dois le dire, prétentieux à la promenade s'il conserve sa vraie position. C'est pourquoi il faut toujours être cavalier au dehors.

La position est la première qualité de l'écuyer, parce que c'est elle qui amène graduellement à saisir les moindres mouvements du cheval, à surprendre le premier temps de galop à faux ou désuni, et à le rétablir juste au second.

J'ai vu, à l'école royale de Hanovre, un cheval neuf qui cultivait le temps désuni de l'arrière-main avec un tel soin, qu'il ne fournissait jamais plus de deux ou trois foulées justes. Mais l'écuyer qui le montait ne lui accordait jamais plus d'un temps désuni, et cela tenait à la bonne position, à l'enveloppe qui lui permettait de saisir ce temps au passage et de rétablir immédiatement la régularité du galop.

La bonne position est donc le véritable point de départ de l'équitation; envelopper son cheval, voilà l'expression propre, vraie sous tous les rapports; si vous enveloppez véritablement votre cheval, vous n'êtes ni assis comme sur une chaise, ni à cheval sur le ventre. Assis, vous avez les jambes en avant et remontées; elles sont en rapport direct avec les épaules du cheval, qu'elles côtoient; elles ne peuvent donc rien sur l'ensemble de l'allure, et c'est toujours par un mouvement brusque et forcé que le talon arrive dans le flanc.

Dans la position contraire, lorsque les cuisses et le bas de la jambe sont placés trop en arrière, il arrive que le corps ne peut garder cette position qu'en se maintenant continuellement en avant. Ce corps penché tomberait sur l'encolure à la moindre réaction un peu vive, s'il n'était maintenu, d'une part par la contraction des reins pour soutenir les épaules, et de l'autre par la pression forcée des jambes.

Il en résulte que cette roideur que vous

mettez dans le haut du corps vous retire nécessairement la souplesse et le moelleux que donne une bonne assiette. Il en résulte enfin que le travail des aides se trouve compromis, isolé par l'emploi de force que vous mettez, malgré vous, dans les jambes pour conserver cette fausse position.

La vraie position est peut-être le juste milieu des deux autres :

Un corps droit et bien campé, assis sans être affaissé dans la selle; le corps ainsi placé a du liant et de la force.

Les cuisses sur leur plat longeant les quartiers de la selle, ni trop droites ni trop en avant;

Le genoux adhérant auxdits quartiers, le bas intérieur de la jambe rentrant sur le corps du cheval, qu'il presse légèrement;

Le pied un peu en dehors, bien appuyé

sur l'étrier, qui doit être d'un demi-point plus court que la longueur de la jambe;

Le talon bas et agissant derrière les sangles.

Je ne saurais trop recommander l'étrier, je veux dire la longueur de l'étrivière; l'étrier trop court gêne les mouvements de la jambe, qui se trouve comprimée, et par conséquent ne peut agir avec le juste degré de finesse ou de puissance nécessaire.

L'étrier trop long présente cet inconvénient que l'on est continuellement à sa recherche. Il se chausse ou s'échappe du pied. Privé de l'appui continuel de l'étrier à sa juste longueur, l'assiette se déplace plus facilement, la solidité se perd et le travail des aides est troublé.

XXIII

LE TACT ET LE SENTIMENT

Si nous ouvrons les dictionnaires, nous voyons que le *tact* est celui de nos sens par lequel il nous est donné d'apprécier certaines qualités des corps, telles que leur température, leur forme, leur consistance, leur plus ou moins de sécheresse, leurs aspérités, etc. Nous y voyons aussi que le *sentiment* est la perception que l'âme a des objets par le moyen des sens.

Mais ici, — c'est-à-dire en équitation, — pour éviter les périphrases, nous entendrons par *sentiment* ce qui tient à des *sensations* physiques, et par *tact* les divers effets d'un toucher *transmis* au lieu d'être perçu.

Ceci posé, convenu, accepté, le tact est une succession de petits effets de main, précédés de pressions de jambes avec lesquelles ils doivent être tellement liés, qu'ils ne peuvent rien les uns sans les autres.

Il s'établit donc entre la main et les jambes un travail de tous les instants, appliqué aux mouvements du cheval.

Ce travail pénètre dans l'allure, dont il suit et règle les temps ; mais, guidé par le sentiment dont la source est dans l'assiette et l'enveloppe, c'est-à-dire les jambes de l'écuyer,

Ce sentiment communique l'impression de tous les mouvements du cheval, et comme nous venons de le voir, il guide l'emploi des aides.

Les aides ne peuvent rien obtenir de véritablement juste sans une parfaite harmonie avec l'allure.

Le tact est donc représenté par l'accord parfait des aides, mystérieusement lié par le sentiment aux mouvements du cheval.

Ces mouvements partent de l'inconnu, puisque le cheval défectueux est souvent rempli de moyens, tandis que celui qui est bien conformé manque quelquefois de toutes les qualités qui font le bon cheval.

En haute école, les chevaux ne peuvent agir que dans la mesure de leur force, force cachée, que le véritable homme de cheval seul sait découvrir en s'immisçant dans les allures qui lui révèlent le fort et le faible de la construction.

Il est bien entendu que je ne parle pas ici des tares extérieures ; tous les connaisseurs en chevaux savent à quoi s'en tenir sur ces défectuosités. Je parle seulement de cette cause inconnue qui fait parfois qu'un cheval fort en apparence est faible en réalité, tandis que celui qui paraît faible à première vue est souvent doué de beaucoup de force.

Il arrive que ce dernier, quoique n'ayant pas d'ensemble dans sa construction, supporte aisément le travail, mais qu'au contraire celui dont l'aspect dénote une constitution vigoureuse ressent des faiblesses et présente des résistances inexplicables.

C'est pourquoi il faut reconnaître que l'équitation est un art, puisqu'il faut un tact exquis pour saisir toutes les nuances, — nuances qui peuvent varier autant de fois que l'on changera de chevaux.

Certainement il y a des règles, des principes, et, comme pour tous les arts, on peut indiquer la route à suivre. Mais ce qui ne se démontre pas, c'est le sentiment de l'art; ce sentiment qui, en équitation, lie l'homme au cheval et à tous ses mouvements, c'est l'accord parfait qui doit exister entre les aides et les allures, c'est enfin le travail intime qui amène dans les airs de haute école l'équilibre parfait.

Cela ne se démontre pas, dis-je. — Cependant on y arrive en expérimentant beaucoup de chevaux; cette expérience vous donne de l'assiette et une grande habitude du cheval et de ses allures; on y arrive, enfin, par le goût et le désir de savoir, qui font qu'en ne négligeant rien dans son travail on finit par saisir, par retenir le juste emploi des aides.

Ce juste emploi donne au cheval la légèreté ainsi que l'allure régulière et cadencée qui produisent l'équilibre et font l'écuyer.

XXIV

L'ÉPERON ET LES PRESSIONS DE JAMBES

J'aborde une question assez difficile à traiter, l'emploi de l'éperon.

L'éperon fait tellement partie de la pression des jambes, qu'il est pour ainsi dire la dernière expression, — l'expression douloureuse de leurs effets.

Son rôle est si indispensable dans le dressage, que le dressage ne peut être que par lui; en effet, c'est lui qui châtie et rend le cheval obéissant; c'est lui qui entretient l'action, fait exécuter, maintient la régularité du travail, en arrivant juste au moment où le cheval hésite, ou se néglige, quoique renfermé dans les jambes.

Pour en tirer tout l'avantage qu'il présente, il faut lui laisser ce degré de puissance qui nivelle toutes les résistances, et les résistances les plus intimes, celles du cheval dressé; mais il faut bien se garder d'en faire un instrument de torture.

L'éperon, comme je viens de le dire, fait parti de la pression des jambes. C'est lui qui apprend au cheval à leur obéir; c'est lui qui est chargé de conserver leur puissance sur tous les mouvements que l'on exige. C'est un maître impitoyable qui remplace de suite l'action des aides restées sans effet ; mais là s'arrête son emploi.

Maintenant, dressez le cheval sur le fer, accompagné d'une forte pression de jambes qui reste toujours forte ; il finit par passer par-dessus cette pression, dont il ne tient plus aucun compte, pour s'en prendre à l'éperon qui irrite ses nerfs et son moral, par cette douleur sourde plus ou moins active à laquelle il résiste dans les commencements.

Cette douleur exaspère les chevaux énergiques et a pour résultat un travail inquiet, une résistance d'enfant maussade qui obéit sans céder complétement.

L'élégance et la beauté que donne le

dressage sont remplacées par une position, par une contraction nerveuse qui enlaidit le cheval.

Les pressions de jambe bien employées ont des degrés de puissance qui agissent plus ou moins. Si vous avez toujours recours aux fortes pressions, il arrive qu'en peu de temps le cheval s'y habitue et que vous vous trouvez continuellement condamné à le renfermer avec force dans les aides; alors la position cesse d'être souple et moelleuse, l'homme se sépare et s'éloigne des mouvements du cheval.

Cette force continue, que l'on met dans les jambes, finit aussi par fatiguer; on est obligé, pour maintenir l'emploi énergique des aides, de se roidir, de se contracter, et l'on finit, bien malgré soi, par s'éloigner du tact dans l'emploi des aides, comme on l'a

ÉPERON ET PRESSIONS DE JAMBES. 211

déjà fait du sentiment sur les allures du cheval.

Il faut donc habituer celui-ci à répondre à des pressions modérées : l'éperon étant là pour lui donner cette habitude, le cheval arrivera à obéir à ces pressions, qui, par la suite, suffiront pour exiger de lui l'entretien de l'équilibre et les airs de manége qui ne demandent pas toute sa force, sa souplesse et son énergie.

Mais quelle ressource immense pour l'écuyer lorsqu'il arrive aux voltes, aux pirouettes ordinaires renversées ou à d'autres airs de manége aussi pénibles, — quelle ressource de pouvoir renfermer son cheval avec cette puissance de jambe qui le fait arriver dans la main comme ferait le tiroir d'une commode que l'on ferme !

On éprouve alors un grand bien-être ;

après ces efforts de pressions, si l'on rentre d'une part dans des effets plus doux et plus moelleux, de l'autre, ces effets suffisent pour continuer un travail devenu beaucoup moins pénible pour le cheval.

XXV

PAS D'ESPAGNE OU PAS ESPAGNOL

Le pas d'Espagne n'est qu'un passage exagéré, c'est-à-dire que les temps de ce passage, stimulés, surexcités par l'emploi des aides, finissent par atteindre une élévation extraordinaire.

Le cheval au pas d'Espagne ou espagnol prend à cette allure plus de terrain que lorsqu'il est au passage, c'est ce qui l'a fait appeler aussi trot espagnol.

Pour dresser le cheval à cet air de manége, il y a différents moyens. Le premier, que j'ai vu employer en Allemagne, consiste à faire sortir le trot espagnol ou d'Espagne du trot naturel. Le cheval étant monté en double bridon, on commence par l'habituer à rester dans son trot, — trot sans vitesse et soutenu.

Ce résultat obtenu, il faut soutenir avec les poignets chacun des temps de l'avant-main, pendant que les jambes et le fer, arrivant dans les flancs du cheval, le poussent vigoureusement en avant. Alors, ne pouvant allonger l'allure, il est bien obligé de soutenir les temps et de les élever.

J'ai vu à Magdebourg des chevaux admirablement dressés d'après cette méthode. Seulement il faut être robuste, car on est horriblement secoué.

Avant d'aller plus loin, je crois nécessaire d'expliquer la différence qu'il y a entre le pas d'Espagne et le pas espagnol.

Au pas d'Espagne, le cheval ne tend pas les jambes de devant et les ramène sous lui. C'est le contraire au pas espagnol, car alors il les jette droit devant lui.

L'un et l'autre pas sont excessivement brillants.

Le second moyen à employer pour ce dressage est beaucoup moins fatigant et tout aussi sûr que le premier.

Le cheval étant tenu à la main, pour l'habituer à tendre les jambes de devant, on se servira de la cravache, qui doit agir à l'intérieur de la jambe et près du coude.

Je recommande de se servir d'une cravache dure ou d'employer le gros bout. Si l'on demande pourquoi, en voici l'explication :

L'emploi de la cravache molle aurait pour inconvénient d'envelopper la jambe du cheval et par conséquent de la ramener de préférence sous lui, au lieu de lui faire comprendre qu'il doit exécuter le mouvement contraire.

Il en serait de même si l'on appliquait la cravache au bas de la jambe : le cheval se contenterait nécessairement de la lever en pliant le genou sans le tendre, tandis qu'en le touchant près du coude, il la tendra d'une seule pièce.

Aussitôt que le cheval commence à allonger les jambes, et cela se fait vite, montezle, en vous servant encore de la cravache pour qu'il sache ce que vous voulez de lui. Mais employez en même temps la jambe afin qu'il arrive à comprendre ce qu'elle demande, la jambe devant remplacer la cravache.

Généralement deux ou trois leçons suffisent pour arriver à un résultat.

On peut également obtenir ces tensions en se servant de suite de la pression des aides; mais dans ce cas, l'éperon a fort à faire, on est obligé de l'employer immédiatement, et, selon moi, on ne saurait trop le ménager.

Je l'ai déjà dit, l'abus du fer détruit l'énergie et la vigueur des bons chevaux et attriste leur moral, toujours préoccupé de cette douleur sourde attachée à leurs flancs. Les chevaux d'action même deviennent froids et finissent par supporter l'éperon qui, à la longue, perd une grande partie de sa puissance sur leur énergie.

Quant à ceux qui sont naturellement froids, ils deviennent souvent impassibles; il faut les saigner pour en tirer quelque chose, et je déclare que pour mon compte j'en ai monté qui finissaient par se laisser attaquer aussi longtemps que cela pouvait m'être agréable plutôt que de reprendre de la vigueur, et, si j'avais recours à de violentes attaques qui augmentaient la souffrance, ils finissaient par s'arrêter, car cela leur permettait de prendre une position plus commode pour supporter cette augmentation de douleur.

Cette position consistait à faire le gros dos et à se concentrer sur eux-mêmes. Je les sentais se gonfler, se grossir dans mes jambes; c'est tout ce que j'obtenais; mais il est vrai que j'avais brutalement abusé de l'éperon.

Le cheval, obéissant aux effets de pression qui lui font lever, tendre les jambes, on cherchera à obtenir ces mouvements en le portant en avant et au pas, c'est-à-dire qu'à chaque pas on exigera toujours les levées de jambes de l'avant-main.

Il est bien entendu que l'on se sert de la jambe gauche pour le soutien de la jambe droite du cheval, et réciproquement.

Dans cette marche lente et qu'il faut rendre régulière, on doit empêcher le cheval de s'étendre en cherchant, comme pour tous les autres airs de manége, à rapprocher, autant que possible, l'arrière-main du centre. C'est un travail assez long et qui demande de la patience, le cheval devant s'exercer à cette marche avant de pouvoir le soutenir, et c'est dans cette marche, devenue facile, que l'on doit demander les premiers temps de trot.

Pour les obtenir, on augmentera la puissance des pressions soutenues par l'éperon. Cette puissance pousse vigoureusement le cheval en avant et sur la main qui soutient, — de même que les jambes pour les hanches, — chacun des temps du devant.

Le cheval, enlevé par les aides, qui le forcent à se porter énergiquement sur la main, finit par prendre deux ou trois mouvements de trot. Comme toujours, il faut s'en contenter, puis recommencer; le ramener doit être aussi soutenu que possible; avec cette position, le cheval s'élève plus facilement du sol, et l'ensemble du trot espagnol n'en est que plus élégant.

XXVI

LES PILIERS

L'exercice des piliers est excellent pour les chevaux, pour les jeunes surtout : en poussant le cheval dans ses longes, vous l'obligez à ramener ses mouvements sous lui, à s'asseoir sur ses hanches et, n'étant pas monté, libre de tout poids, ce travail bien mené ne peut compromettre ses jarrets.

L'exercice dans les piliers assouplit donc et facilite le travail de la haute école.

Les premières leçons consistent à faire ranger les hanches du cheval de droite et de gauche, à le faire, autant que possible, donner dans ses longes; ce premier travail a pour but de l'empêcher de prendre l'habitude de se porter, de s'appuyer contre l'un ou l'autre des piliers.

Chaque fois que l'on fait arrêter, il faut avoir soin que l'arrêt soit fait sur ses longes et parfaitement droit dans les piliers.

Les chevaux irritables, nerveux ou craintifs demandent une grande sagesse dans l'emploi de la chambrière. Si vous êtes rigoureux, ils plongeront brutalement sur les longes, et comme elles sont attachées à des poteaux plantés en terre, ils arrivent sur une résistance fixe, résistance qui les rejette sur eux-mêmes avec tant de force, qu'ils tombent souvent sur leurs jarrets.

J'ai vu un cheval tellement violent dans ses mouvements qu'un jour, à la suite d'un bond prodigieux, il fit la culbute par-dessus ses longes. Je le croyais tué, il en fut quitte pour ce saut périlleux.

Il est vrai que la personne qui tenait la chambrière en avait usé trop largement. Cette personne avait tort, ce que je puis dire ici sans crainte, parce que cette personne c'était moi.

Mais il y a des chevaux avec lesquels la patience la plus exemplaire finit par succomber, et *Brutal*, c'était son nom, et *Brutal*, dont je parle ici, avait toutes les dispositions que doit posséder le cheval parfaitement décidé à ne jamais obéir et à forcer l'écuyer à s'oublier.

Au reste, tout en engageant toujours les personnes qui s'occupent d'équitation à ne pas user inutilement et surtout injustement de rigueur, à ne pas se laisser emporter par la colère, il n'en est pas moins vrai que le dressage, soit à pied, soit monté, est le résultat d'une lutte, et cette lutte, chez le cheval, tombe à plat devant des corrections inévitables mais justement appliquées.

Les premiers temps de piaffer doivent être demandés aussitôt que le cheval reste sur ses longes et commence à se porter de droite et de gauche, à la volonté de l'écuyer; ne pressez pas ses mouvements, laissez-le tomber de lui-même dans sa cadence régulière, exigez peu à la fois, et au bout de sept ou huit jours de cet exercice, il saura piaffer.

Je recommande l'emploi des enrênements avec le bridon; ces enrênements maintiennent toujours la bonne position. Ils doivent être très-lâches dans les premières leçons; on les raccourcit dans le courant du travail, le cheval s'y habituant, et l'on arrive alors à ramener l'encolure et à donner à la tête la position convenable.

C'est encore dans les piliers que l'ancienne école dreessait les chevaux aux airs relevés, tels que la coubette, la groupade, la ballottade, etc.

Dans ces airs relevés, et pour obtenir certaines positions de jambes, soit de l'avant-main, soit de l'arrière-main, le cheval soumis au dressage n'avait pas seulement affaire à un écuyer : plusieurs l'entouraient, chacun avec une mission spéciale. Il se trouvait donc maintenu de tous côtés, et, de plus, était déjà préparé par des habitudes d'obéissance, résultant d'un premier travail (le piaffer qui devait être exigé avant celui dont il est ici question).

Ainsi, pour faire la courbette, l'écuyer, chargé de l'emploi de la chambrière, poussait d'abord le cheval de façon à l'obliger d'élever l'avant-main du sol.

Ce mouvement, une fois compris et obtenu, un second écuyer, placé à la droite avec une cravache, touchait légèrement les jambes de devant, au moment où elles se détachaient du terrain.

Cela forçait le cheval à les ramener sous lui, et s'il se jetait du côté opposé, pour éviter cette cravache, s'il persistait, malgré la chambrière, il rencontrait aussitôt une autre cravache qui le ramenait droit dans ses longes.

A l'aide de ces trois instruments, on arrivait à lui faire exécuter tous les airs relevés que permettait sa construction.

Ces airs sont presque généralement abandonnés aujourd'hui, parce que les académies royales seules pouvaient supporter des frais qui ruineraient vite, très-vite même, le maître d'équitation qui voudrait se passer cette fantaisie.

Pour arriver à compléter ce travail, le cheval devait passer par trois dressages différents.

Nous venons de voir de quoi se composait le premier.

Le second consistait à le faire monter

dans les piliers et à exiger de lui ce qu'il savait faire sans être monté.

Enfin, le troisième dressage se faisait en liberté, mais une liberté très-modérée, c'est-à-dire liberté en cela seulement qu'elle avait secoué les chaînes des piliers. Car le cheval avait un homme sur le dos, un second tenant une longe attachée à un caveçon, et souvent il y en avait un troisième qui se servait de la cravache (voir les anciennes gravures); mais, ce dernier travail terminé, l'élève n'avait plus affaire qu'au professeur qui le montait.

XXVII

LE DOUBLER

Le doubler traverse habituellement le manége dans toute sa largeur et quelquefois aussi dans sa longueur.

Lorsque l'on termine cette figure de manége, on doit replacer le cheval à la main que l'on a quittée, c'est-à-dire que si l'on se trouve marchant à droite sur la piste, on doit terminer le mouvement en retournant le cheval sur cette piste. S'il en était autrement, vous ferez un changement de main.

XXVIII

LE CHANGEMENT DE MAIN

Le changement de main commence à deux pas d'un des coins des côtés du manége, soit sur la piste à droite, soit sur la piste à gauche.

En quittant l'une ou l'autre de ces pistes

il traverse en diagonale le manége dans toute sa longueur, et va finir sur la rive opposée, toujours à deux ou trois pas du tournant.

XXIX

LE CONTRE-CHANGEMENT DE MAIN

Le départ du contre-changement de main s'effectue comme le précédent, seulement, arrivé au centre du manége, on retourne par une autre diagonale sur la piste que l'on vient de quitter, ce qui donne au contre-changement de main la forme d'une équerre plus ou moins ouverte.

XXX

L'ÉPAULE AU MUR

—

L'épaule au mur s'exécute en portant les hanches du cheval à l'intérieur du manége sur la seconde piste, tout en laissant les épaules sur la première; il faut avoir soin de faire conserver au cheval sa position oblique, ainsi placée, les épaules gardent toujours l'avance qu'elles doivent avoir sur les hanches.

Le mouvement est le même pour l'épaule en dedans, seulement ce sont les hanches qui restent sur la première piste et les épaules qui s'en vont à l'intérieur du manége.

XXXI

LE CHANGEMENT DE MAIN RENVERSÉ

Ce mouvement consiste à parcourir deux lignes diagonales distantes l'une de l'autre de deux pieds environ.

La première se prend presque à l'angle du manége, comme dans le changement de main ordinaire; la seconde ramène au point de départ en changeant la direction.

XXXII

CERCLES HUIT DE CHIFFRE

Les cercles s'exécutent à main droite ou à main gauche.

Lorsque du cercle à droite on reporte le cheval sur celui de gauche, cette figure de manége représente réellement un huit de chiffre.

Les changements de main ou de cercle se prennent habituellement dans le milieu du manége.

Les huit de chiffre se font de différentes grandeurs; très-étendus dans les commencements du dressage, on diminue la circonférence en raison des progrès du cheval.

XXXIII

LA DEMI-VOLTE

Cet air de manége consiste à tracer la moitié d'un cercle, c'est-à-dire qu'en quittant la piste, on se porte au centre du manége en arrondissant ce mouvement, et que, du centre du manége, on revient sur la même piste toujours en formant le cercle.

Dans la volte ordinaire, les épaules ont le plus grand cercle à parcourir; dans la demi-volte renversée, ce sont les hanches qui sont placées à l'extrémité du terrain de la demi-volte.

FIN.

TABLE

Avant-propos.	v
I. De la haute école.	1
II. Le ramener.	5
III. Le filet ou bridon.	29
IV. De l'assouplissement général.	43
V. Haute école (passage).	71
VI. Passage de deux pistes.	85
VII. L'épaule au mur.	97
VIII. L'épaule en dedans.	101
IX. Volte et pirouette au passage	103
X. Le piaffer.	109
XI. Le galop.	113
XII. Le changement de pied.	117
XIII. Le galop de deux pistes.	131
XIV. L'épaule au mur et en dedans, au galop.	137

XIV. Voltes ordinaires et renversées..........	143
XV. Voltes renversées................	151
XVI. Les pirouettes ordinaires et renversées.....	155
XVII. Les pirouettes renversées............	164
XVIII. Les changements de pied aux deux temps....	171
XIX. Les changements de pied au temps........	179
XX. Du piaffer au reculer.............	185
XXI. Le galop au reculer..............	189
XXII. De la position................	195
XXIII. Le tact et le sentiment.............	201
XXIV. L'éperon et les pressions de jambes........	207
XXV. Pas d'Espagne ou pas espagnol..........	213
XXVI. Les piliers.................	221
XXVII. Le doubler.................	229
XXVIII. Le changement de main.............	231
XXIX. Le contre-changement de main..........	233
XXX. L'épaule au mur...............	235
XXXI. Le changement de main renversé.........	237
XXXII. Cercles huit de chiffre............	239
XXXIII. La demi-volte................	241

PARIS. — IMP. SIMON RAÇON ET COMP., RUE D'ERFURTH, 1.